AMAZING GRACE JOURNEY
OF
JOSEPH SHI

石清的奇异恩典之旅

——从中国最底层到加拿大地方议员

石清 石榴 林恩 著

HEPTAGRAM

石清先生和夫人石榴女士

石清先生和夫人参加儿子毕业典礼

儿子（右）和侄儿（左）

超生的侄儿

父亲（2006 年）

信仰基督的伯父伯母（2008 年）

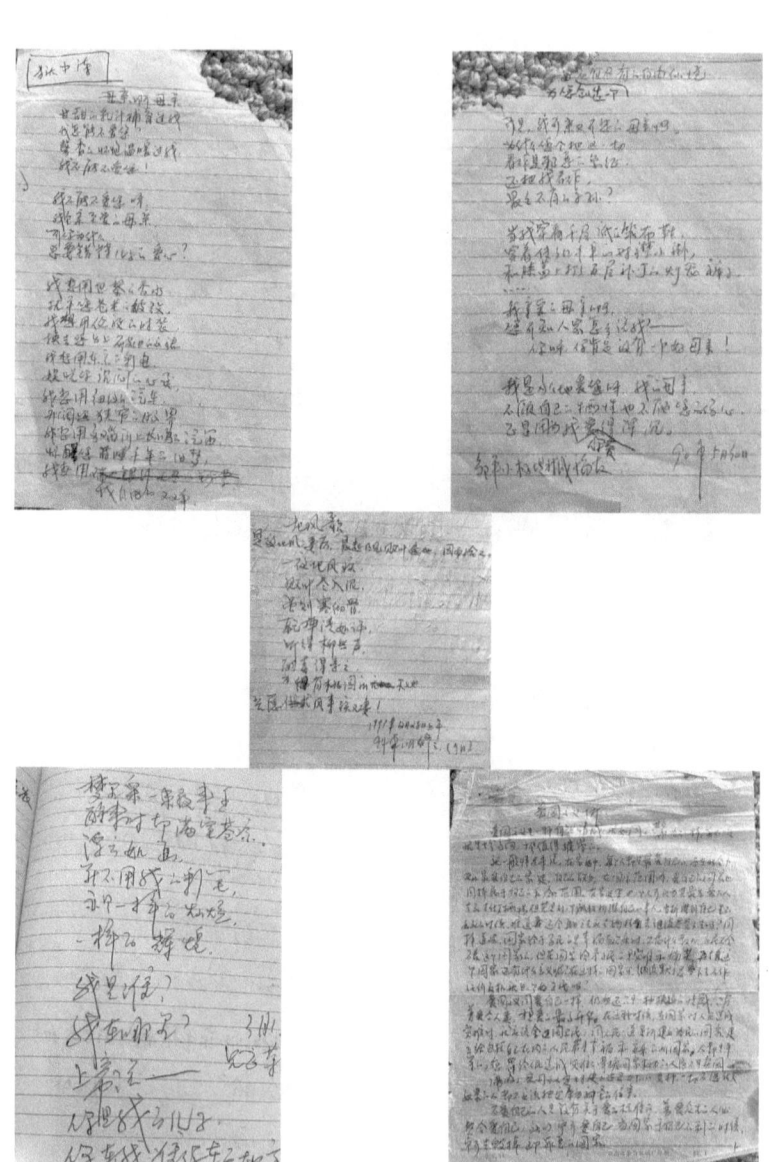

狱中手稿

狱中手稿

在泰国举行婚礼（1998 年）

在泰国举行婚礼（1998年）

与天主教耶稣会泰国难民援助机构合影

在中国驻印度尼西亚大使馆前抗议（1998年4月3日）

与大赦国际加拿大主要成员（2003 年）

从温哥华兰加拉学院（Langara College）毕业（2004 年）

地方议员参选登记（2013年）

地方议员选举辩论说明会现场（2013）

2013-2017 Village of Cremona Council

Left to Right: Councillor Robert Reid, Councillor Sonia Temple, Mayor Timothy Hagen, Councillor Meg Bigelow, Councillor Joseph Shi

Vision:
Preserving our small town charm and quality of life, while creating a safe and healthy community for the future prosperity and sustainability of T0M 0R0.

Mission:
To demonstrate a high level of respect to residents by providing efficient, friendly and open governance.

Values:
Respect - Honesty - Efficiency - Trust - Friendly - Openness

2013年当选的市政议会

地方议员当选宣誓（2013 年）

再次当选地方议员（2017）

和阿尔伯塔省长肯尼（右二）

议会和阿尔伯塔省老人与住房部长 Lori Sigurdson 面谈（左三）

和儿子参加纪念日活动　　　　和弟弟参加六四纪念活动

在机场迎接弟弟福奎一家（2016年）

参加卡加利大学六四纪念活动

加拿大生活

军人纪念日活动

7月1日加拿大国庆日游行议会花车

在加拿大庆祝中国新年

目录

引言　　1

第1章　乡间异数　　3

第2章　四海奴工　　9

第3章　再度流浪　　15

第4章　政治活动　　20

第5章　囚徒生涯（之一）　　28

第6章　囚徒生涯（之二）　　33

第7章　囚徒生涯（之三）　　43

第8章　天降爱情　　50

第9章　偷渡缅甸　　57

第10章　流亡泰国　　67

第11章　蒙恩归主　　84

第12章　终成眷属　　94

第13章　落地加国　　104

第14章　重返故土　　108

第15章 越洋维权　　*116*

第16章 乡村选举　　*124*

第17章 苦难兄弟　　*131*

第18章 为神见证　　*135*

第19章 职业生涯　　*139*

第20章 餐馆生意　　*143*

第21章 参选议员　　*146*

第22章 异国从政　　*153*

第23章 手足相聚　　*160*

第24章 领养孤儿　　*167*

结语　　*171*

引言

我叫石清，上世纪六十年代出生于中国苏北农村的最底层，一路走来经历了让我自己也难以置信的传奇人生。这样说并不是要自矜夸耀，而是几十年间不可计数的奇迹时刻仿佛大有深意，令我感到不可独秘，应当与更多的人分享。早年在自己的祖国流浪奔波及至身陷囹圄，后来偷渡缅甸，流亡泰国，最终到加拿大落地生根，历经求学、担任商界高管、经营生意、当选地方议员等。回首平生，其间有太多事情令人感到不可思议。虽然学习成绩也曾经在重点中学名列前茅，自以为不无聪明才智，但我自己的筹划往往一事无成，而每一次筹划失败陷入绝境，都仿佛有一股奇异的力量给予无形的助掖，其结果往往远超我的预期和能力所及。

——在中国农村，我没有完成高中学业，当时甚至没有正规英语老师，但我的英语流利到可以在泰国的联合国难民署做翻译。

——当我一文不名无家可归，一位小我九岁的白领美女坚决要成为我的伴侣。

——我偷渡缅甸，一路坎坷屡陷困窘，自己的计划事事不成，然而总是柳暗花明绝处逢生，结果大出所料。

——我在泰国申请联合国难民，各方面条件都非常合格，仍然无法获批，直到教会出手才化险为夷。

——到加拿大后，我凭自己的能力成为工厂车间领班，却很快铩羽而归，然而，仿佛在一只无形之手的安排下，进入大学读书的机会接踵而至。

——我凭自己的能力成为了大酒店的财务总监和总经理，结果却不得不躲藏到乡下；举目无亲之际，外甥女出人意料地来到身边。

——就在自我怀疑，深感一无所是之际，我却在一个完全是白人的生活环境中成为了地方市政议员，参预了我一直梦寐以求的民主政治。

——我和妻子对拥有孩子完全不抱希望的时候，一个儿子被送上了门，上帝让我们的福杯满溢。

——弟弟一家走投无路，尝试偷渡逃亡，但所有自己的方法花多少钱都无效，向上帝祈求之后，竟出奇顺利地抵达加拿大，来到我的身边。

像这样的种种经历难以尽数，我配不上的这许多奇异恩典，让我这个硬着颈项的罪人不得不对耶稣基督深信不疑。我愿用自己的拙笔记叙这一切，回忆地上的苦难与云隙天光交互的历程，以为信仰之光遍照世间的一份卑微见证。

第 1 章 乡间异数

1970年代末,刚刚经历过文革的中国极度缺乏有知识的人,再加上当时逐渐有开放国门的需要,政府开始重视教育。这无疑给我们这一代贫苦的青少年提供了一个上进的通道,打开了一扇通往外界的小门。

1976年,我读小学五年级,在全县上万名小学生共同参加的知识竞赛中取得了语文、数学全科前十名的优异成绩,荣获竞赛三等奖。那是我人生第一次坐公交车从公社去县城,第一次住到被单雪白干净的招待所,第一次吃到香喷喷的白米稀饭和馒头,还配有美味的酱黄瓜等咸菜,第一次坐进县城电影院软乎乎舒适无比的座位上,第一次在万众瞩目下上台领奖。

1977年,我以优异的成绩考入重点初中赣榆县厉庄中学。当时,全年级有两个班,每个班大概有六十人,全年级一百多名学生。我几乎每次考试都是第一或第二名,学习委员、语文课代表、数学课代表、英语课代表、物理课代表等,都是我经常得到的头衔。

这所学校很有意思,由于地处偏远,在反右和文革中是发配右派和反革命的目的地,好几个非常有水平的老师因此来到这里。一位老人因为获得过蒋介石接见,曾荣获一把中正剑,一直舍不得丢,被人告发,还没到文革就以反革命罪行被捕,不过实在查不到他有什么反革命活动,最后发配到我们学校，负责后勤打杂。他曾经以海军军官身份随军舰到过美洲大陆很多地方，学识非常渊博，获得了很多老师的尊敬。还有一位原是南京的大学老师，英俊潇洒，据说特别才华横溢。他老婆是大学体育老师，文化不高，武功超群，每次吵架都把他打得鼻青脸肿，他实在受不了离了婚。文革开始，他却因为离婚而被作为看不起工农阶级的典型，经历无数批斗，后因朋友帮忙，下放到我们学校躲清静。另外还有几个下放右派，水平也都相当高。

在这样的学校里，我因为每门课业都能拿到全年级第一第二的成绩，而且写作文往往观察细致，有看法有内容，特别与众不同，经常被学校高水平的老师推崇，动不动就拿我的作文当范文，甚至向县里其它学校推荐，一时间我成了未来的作家苗子，都在传说我前途无量，将来肯定上清华或者北大。

初二那年，老师动员我加入共青团。我当时真的相信共产党，也真心要为共产主义事业奉献和奋斗，于是热情洋溢地写了入团申请书。不久，班里几个小流氓都入了团，我的申请却一直被搁置，说要考验我的忠诚，因为我的思想还有问题。而那几个每天守在女厕所门口讨论女学生怎么尿尿的小流氓思想倒已经合格了。有个老师实在看不过去，拿出几个小流氓的申请书一看，原来都是抄我的。我一气之下，找老师要回我的申请书，撕碎丢到了垃圾桶，加之看到学校团支书是自己最看不上的溜须拍马欺软怕硬的家伙，我彻底断了入团的念头。

我的作文除了写现实中的贪污腐败和农民苦难，同时还抒发自己的真情实感。高一那年，学完朱自清的《荷塘月色》，老师布置模仿作文，我写的是："学校门前的臭水塘，人们白天掩鼻而过，月光下却发出了迷人的光；忍着恶臭往前走，枯黄的稻田里只有蝼蛄这种害虫在歌唱……"

这篇作文，让我名声大噪，绝大多数老师赞叹称奇，校长却闻到了思想反动的气味。我被叫到校长室严厉批评，说我有反革命思想，鉴于我学习成绩优秀，能够给学校带来荣誉，暂且不处理我。

当时正值《刑法》和《刑事诉讼法》颁布，我又有点相信共产党了，以为我们国家将要走向法治，以后有冤情都可以伸诉了。

那时候，我刚刚知道自己家原来并不姓石，我父亲是在小时候随着伯父和大姑，从山东临沂一路讨饭来到赣榆谭湖村的。

知道了父亲的身世，我就去临沂寻亲。伯父伯母见到我十分亲切，告诉了我有关爷爷和姑姑们的事情。我爷爷的父母是临沂一带比较大的地主，有五、六百亩良田，去世后给我爷爷三兄弟每人都留下了一百多亩肥沃的水浇地。我爷爷是幼子，长相俊朗，一米八的个子，高大威猛，但从小娇惯，长大了吃喝嫖赌抽五毒俱全，结婚生下两男五女七个孩子却从来不管，到我最小的姑妈出生时，他看都不看一眼。最后家产败光，一百多亩水浇地全都卖了，得来的钱他只顾一个人在外挥霍享乐，家里面老婆孩子饿得嗷嗷叫也置若罔闻。奶奶死后，万般无奈之下，十几岁的大姑和伯父拖着几个弟弟妹妹以讨饭为生，一路从临沂讨到徐州连云港一带。到达

第 1 章　乡间异数

现在江苏赣榆的时候，我父亲才四、五岁，眼看就要病死，大姑和伯伯就做主把我父亲送给了一户姓石的小商贩，我爸爸才活了下来。石家不仅救了我父亲，当我伯伯、姑姑们在外要不到足够食物忍饥挨饿时，石家也会毫不吝啬让这群饿鬼一样的孩子们吃饱饭。不过多亏我爷爷混账，到后来中共当权搞阶级斗争的时候，我爷爷自己因为穷得揭不开锅，还欠了一屁股债，逃脱了地主身份，阶级斗争没有殃及到他，居然活到了差不多九十岁。我的伯伯和姑姑们也都自然成了贫农，不在清算范围内。我父亲因为石家家境还算富裕，反倒成了成分不好的上中农。

见到伯父伯母的时候，他们已经是很多年的基督徒，信奉耶稣为神。他们相信是神的美意，是神的安排，让他们躲过了地主成分。他们还要我信耶稣。那时候伯父家比我们家还穷，家里只有红薯度日，我讥笑他们上帝这么爱你们，怎么会让你们那么困难，连饭都吃不饱？他们因为不识字，要我帮忙读圣经和主祷文，我倒是很乐意，这样显得自己有文化高伯父母一等，颇感骄傲，但心底里还是认为伯父母无知迷信，愚昧不可救药。特别是得知伯父母的信仰影响了堂哥在部队的提干，我更是认为他们的信仰害人。当时三堂哥在南京军区的大比武中成绩非常优秀，已经被谈话预备提干了，但在政审外调过程中得知他父母是基督徒，不仅没有提干，还立刻被安排复员回到农村。

我们村大队会计是跟我们家非常不睦的另一位堂兄，长相英俊，村里的村花一直想嫁给他，可他并不感冒，他自己看上最后迎娶的是附近其他村里更漂亮的村花。

有一天我从学校回家拿干粮，突然听家里人说堂兄被抓了，罪名是强奸了那个他一直不愿意娶的村花。我妈妈说这根本不可能，因为出事那天晚上，我妈妈一直坐在离案发现场十米左右的街边乘凉，跟其他邻居们聊家常，什么异常的声音都没有听见，而公安局说的是堂兄暴力打斗，还掀翻了村花家的家具和存放在家里的几麻袋花生。我说妈妈应该去公安局作证，妈妈不肯，一来是怕公安，二来是妈妈恨堂兄家，乐得看堂兄倒霉。

我也没有把这事太放在心上。堂兄的家人都认为这事冤枉，却都相信共产党会秉公办事，最后不会判刑。

不久，堂兄的判决书下来了，强奸罪，判刑五年。我那时候读高一，我去找到堂兄的妈妈、哥哥、姐姐，还有他妻子，跟他们讲了我认真读过的《刑法》和《刑事诉讼法》，认为我们县法院判决不公，可以上诉到徐州市中院和江苏省高院。我自告奋勇帮他们写上诉状，也联络了一些家族和邻居，联合起来一边上诉一边希望用民意请愿。

上诉很快被驳回了，我们的上诉理由人家根本都懒得一理，我们所说的所有疑点都被无视。或许本来就因为堂兄跟上面不是一条心，有人想要他的会计职位，被人做局陷害，自然堂兄的会计职位最后也被其他人取代。此时赣榆县公安局已经知道是我在牵线并一再鼓励人家上诉和申诉，加上我作文里一再写各种贪污腐败欺压百姓等现象，一些贪官污吏认为我是在影射他们，我自然就成了当地政府的眼中钉。高中一年级下半学期，赣榆县司法局会同公社和学校，组织了专门的批斗会，逼迫我上台在全校两千多师生面前作检讨，批判自己的反动思想及为坏人讲话的反动行为。

那个年代，中国风气渐开，年轻人开始敬佩和支持反叛者。不仅学校里的几个混混成为我的朋友，随时愿意为我摆平事情，解决麻烦，学校里漂亮的女同学们也都纷纷向我示好。有的从家里给我带好吃的，有的送我收音机，有的送我羽毛球拍，有的女同学故意让别人知道她们跟我友好，故意在晚自习的时候叫其他同学带信，让我出去赴约，闹得我渐渐有了多角恋爱脚踩几只船的名声，事实上我跟她们都没有实质性恋爱关系。

那时候，我跟校花的关系像哥们一样，无话不谈，连我弟弟辍学她都会管我，说我不能让弟弟辍学，否则她就骂我自私，而学校里谣传我跟她发生了关系。我觉得自己作为男人没有什么，对校花则是侮辱和伤害，事实上我们纯洁到就算在她寝室跟她单独相处的时候，都是隔着桌子坐的。再加上学校里都在说我是跟坏人勾结的反革命，我不能让自己身上的污水溅到我特别珍视的校花身上，于是就不得不休学了。

第 2 章 四海奴工

临休学前，校长又跟我谈了一次，说休学一年也好，让我不要一叶障目不见森林，要多看看祖国的大好河山，多看看社会光明面。于是休学后我不仅去了南京、上海这样的城市，还去了东北、新疆、浙江、福建、河南、湖南、云南等很多地方。所到之处，我看到的是没有最黑暗，只有更黑暗。

作为农村户口，不管在哪里都没有办法找到一个像样的工作，多数时候工作一段时间人家就会想办法把我赶走，等于白干。更令人气愤的是，政府利用收容遣送站，大肆抓捕农村人当免费奴工，我自己就被抓捕好几次。

去东北的时候，到的是吉林省抚松县松江河镇西江村我一个表姐家，那里的农民除了种玉米大豆，就是种人参。农忙和垦荒季节之外农民们无事可干，而所谓的垦荒这种集体行为，基本上是破坏性的，一点都不考虑水土保护。农民们尽管这样辛苦耕种，任意垦荒，一年到头也没有太多收入。种植一点经济作物人参，收成的时候如果行情好容易卖，政府就派任务，农民必须把绝大多数收成低价卖给政府的贸易公司，很少一点剩余可以私自卖。而行情不好的时候，政府根本不收，农民只能自己想办法，卖不出去发霉也没有人管，但想卖出省还是不允许，农民跨区域售卖经常被抓住，财物没收还可能被罚款。

在这个村我结识了一个好朋友刁玉国，我们一起在附近找活干。最开始我们找到了东岗镇的一家砖瓦厂，每天十几个小时，没有休息天，日常吃的是玉米饼子和偶尔有一点豆腐的老白菜汤。非常辛苦地干了一个月，不但承诺的工资完全没有拿到还说我们干活慢，欠了伙食费。

离开砖瓦厂，我们找到了离松江河镇十几公里的松江河知青农场。那里还有八九个知青，他们每天什么事情也不干，整个农场的工作都是靠周围的农民来做。知青们没有什么文化，天天打情骂俏开黄腔，男男女女每天都是钻到老林子里玉米地里苟且。这里卖出农产品的收入全部归知青，干活的农民只能拿到极少一点报酬。虽然待遇稍强于砖瓦厂，但我仍然认为这对农民非常不公平，凭什么身份不一样就拿农民当奴工而知青们无所事事无恶不作却坐享其成？而且政府为了避免知青闹事，还给农场一些补助，农民也得不到一分。

这些知青自己作为被政府发配改造后又不落实返城政策的一群人，对待农民却一贯高高在上，劳动之外还要农民工给他们洗衣服给好处。农民工好不容易买一双鞋，他们毫不犹豫强行占为己有，我姐姐给我做的一双手工鞋就被他们拿走了。我的朋友刁玉国想反抗，结果被所有知青和几个阿谀奉承的农民工十几人联合起来围攻，拳打脚踢。我受够了知青们的愚昧和跋扈，拿起一根棍子打向了围攻的人群。他们没有想到会有农民工敢于反抗打抱不平，趁他们愣神的功夫我喊朋友一起快跑。后面有十几个人追，我们俩拼命跑。人在恐惧中潜力无限，两个人一口气跑了十几公里，到了最近的东岗镇，看到后面没有人了，我们都瘫倒在地，许久爬不起来。

我拼了命到处打零工，累死累活却没有挣到钱，最后借了表姐三百块钱，当时到处都有广告吹捧高产内酯豆腐新技术，我想到长春去学。我父亲是做豆腐的行家，但单位产量很低，一直没有办法挣到钱。看到广告说内酯豆腐那么高产，我满怀希望。报名以后，交了食宿费用，过了五六天所谓的老师才让我们看到内酯豆腐的模样，完全是过嫩的豆腐，消费者不可能喜欢。付出去的钱打了水漂。接着我看到吉林省作协的作家培训班广告，想在写作上有所成就，去交了五十块钱报名费，等了好几天却完全没有下文。

接连被骗，身无分文了，我只好扒火车几千公里回到了老家，大半年过去没有收入，还欠了债。

接着我跟着一个包工队去了新疆，到南疆英吉沙建学校，我当伙夫。英吉沙是纯粹的维吾尔聚居区，95%以上是维吾尔人。当时因为中共总书记胡耀邦要求善待少数民族，尽量做到民族自治，在那么多维吾尔人的地方，我以为维族自己一定能够说了算，事实上完全不是这样。这个县的县委书记、公安局长等几乎所有部门的一把手都是汉族人，连这个学校的修建，预算多少和给谁建都是汉族人做决定，绝大多数工作机会，都轮不到普通维族人。

这些建筑工人都是我们老家那一带的农民，去新疆之前没有任何人给他们做民族政策方面的培训，工人们跟在家里一样，污言秽语，极度不尊重当地人。有时候我去工地帮忙，看到有人对着学校里十几岁的漂亮的维族小姑娘，大喊"我看上你了，跟我睡一觉"等等。稍有空闲，工人们三五成群出去调戏小姑娘，跟小商贩们极力讨价还价，最后却不买，买的时候也非得强拿强要占便宜。我如果和他们一起出去，会制止这些行为，基本上没有跟维族人产生冲突的机会，而他们自己出去的时候，往往被人打得头破血流。因为我尊重对方，才一个多月就有维族人主动跟我交朋友。我去买菜人家都会以非常合适的价格非常好的质量给我准备好，还邀请我去他们家吃桑葚、苹果等。

　　跟维吾尔人相处得很愉快，跟汉族自己人我却难以适应。工程方派出了一个质检员，是个白白净净的汉族小伙，因为我看上去有点文化，写点诗写点散文他都很喜欢，所以对我不错。但他还是利用质检员的权力对我这个工程队伙夫予取予求。他的工资不低，工作非常轻松，单位有食堂，但他非要我们从牙缝里省出钱给他做小灶，天天随时要求我们给他做好吃的。他认为农民工很低贱，他占点便宜是应该的。他看我不懂世事，还教我怎么从伙食费里弄钱，无奈我天生学不会，加上同情农民工，不愿意从可怜的农民工嘴里抠钱。可包工头对他怕得要命，要我一定伺候好他。

　　这一个吸血鬼已经够呛了，工程队包工头的外甥也每天来多吃多拿，还对我不客气，让人更加无法忍受。他从不事先告知，每次我做好后他就进来拿走很多，要是肉菜更是拿得所剩无几，其他人根本吃不到什么。关键是这个文盲什么都不会做，上班时间也会摸回来偷东西吃，让我无法计划，导致很多工人都抱怨饭菜份量不够。大概过了三个多月，一天这家伙在中午开饭前十分钟过来，又拿走了很多饭菜，剩下的肯定不够分，我阻止他他还骂我。我气愤之下，抡起铁饭勺就砸到他头上，他顿时血流满面。

吃饭的时候，包工头说让我等着，晚上回来要叫人收拾我。我一看他不分是非，觉得这不是我应该待的地方，就从伙食费里拿出了两百块，留了封信说老子不干了，坐上公交车离开了。

两百块钱根本不够从南疆回老家的车费。我要小聪明买了到吐鲁番的票，坐上乌鲁木齐到上海的火车。结果中间查票，到哈密的时候我和十多个没买票的壮实年轻人被交给了哈密收容遣送站，另外好几个老弱病残被赶下车了事。

我们十几个人被送到一个专门种菜的农场，加上原有人员一共有二十几人，每天天一亮就起来干活，干到天黑才收工。三个最壮实凶狠的被收容者被选为看守，防止我们逃跑。过了三天，我听出农场场长是山东临沂口音，就跟他说家乡话，看来他也算看重乡亲感情，立刻安排我当看守。

睡觉是二十多人挤在铺了麦草的地上，哈密的夜晚非常冷，但是二十多人只有四五床破被子，还长满了虱子跳蚤，让人难以入睡。每天吃的伙食也非常粗糙，而且完全吃不饱，不管活多重，每天只能吃两顿饭，早上六点钟起来空肚子干活，十点钟才吃早饭，晚上六七点才能收工吃晚饭。

当了看守，就睡在另外一个房间，两个人一起，有单独的床和被褥，虽然是旧的，但好在还算干净。饭也能吃饱了，还有肉菜。

一起关进来的一个河北小伙子，高中文化，有种不服输的倔劲，对农民遭受的待遇非常反感，认为社会不公平，总想逃跑，我很欣赏他。我待遇好了以后很关照他，跟他说要想逃跑我们俩一起，首先得让所有看守放松警惕，然后还得

第 2 章 四海奴工

等我打听好路线，不要出去发现是沙漠，跑不出去就没有意义了。

　　这是一个给哈密当地机关供应蔬菜的农场，几乎每天都有公安局、市委、市政府的大车小车来拉菜。那些来人为了让我们给他们选最好的菜，也会故作亲切跟我说话。我趁机打听他们来农场要走多久。原来农场离市区并不远，也就二十多公里，顺着路走不会在沙漠迷路。于是我就跟小河北商量，白天顺着路走肯定被发现，夜晚走应该没有问题。我会准备够吃两天的馒头咸菜。

　　那个场长也是反右时候的老右派，本来在上海工作，但上海家里没有什么关系也没有什么人，就一直在哈密回不去。他应该清楚我想跑，还请我去他家里吃饭，给了我二十块钱。

　　在农场待了大概一个月，一天晚上我利用看守权力，叫出了小河北，两个人趁着夜色沿着大路逃出了那个关押奴工的农场。到火车站附近摸进了货场，藏到了拉粮食的车厢里，一路换了很多次车，两个人蓬头垢面像鬼一样。大概十天才从哈密到达徐州，然后分手各自回家，约定以后要一起反对共产党，为受苦受难的农民争取权利。

第3章 再度流浪

就这样流浪了一年多，我感觉还是应该考大学。但母校厉庄中学对我太有成见，我也不想给校花朋友造成困扰，于是在1983年初我进入另一所高中准备高考。在这个高中，还是因为作文言之有物，老师很推崇，英语也是不用怎么学，总考第一，于是又赢得了一个女同学喜欢，开始了一段短暂的恋爱。我们甚至一起外出旅游，见过了双方父母，到县城看电影回来一路从县城吻到家里。然而，当我说我反对共产党，有朝一日可能被抓进监狱甚至被枪毙，她吓坏了，再也没有联系我。

我考大学的美梦也很快破灭了。我高一的时候已经自学完成了所有高中课程，即使流浪一年多没有机会复习，我也对自己的成绩很有信心。但是，那时候高考先要预考，而预考分数线区分了复读生和应届生。我本来是应届生，因为我按原来学籍正好这时候高中毕业，但县教育局非要把我划入复读生。而城镇户口复读生只需要四百五十分就合格，我们农村复读生要差不多五百八十分才合格。我的预考成绩高于应届生分数线十六分，但低于复读生分数线四分，无论我怎么申辩都不给我参加高考的机会。

我也想过屈服于命运，就此不再折腾，就在老家务农。然而我发现，农民种地根本没有自主权，种什么怎么种都是那些坐在办公室里什么都不懂无所事事的一帮乡村干部说了算。可他们只管让农民按他们的意愿种，至于以后怎么卖，卖到哪里却没有人管。每过一两年，干部换届了，已经长成的庄稼或者果树又得全部毁掉，因为要按新的要求重来。我们拼命种出来的粮食，每年还有很重的上缴任务。市场上三毛多一斤的粮食，我们必须五分钱一斤通过粮管所卖给政府。交不够任务，警察或者他们派出的流氓就会上门扣押自留粮，胆敢反抗就会被殴打，老百姓被折腾得没日没夜地干，可温饱都很难保证。

大概是1984年，日本与连云港市外贸公司签订红薯干收购协议，收购价是一元二角一斤。农民不知内情将红薯干几分钱一斤卖给当地各级粮管所。后来有些跟外贸公司有联系的人，或者是外贸公司的职员自己想发财，就找人到乡下去收购，有良心的能够给到五六毛一斤的价钱，农民收入很不错。到了第二年，更多有关系的人开始收购，为了发财，纷纷往里面加水加沙土，日本人吃了亏，花了钱买回去的却是不能用的商品，这项能为农民创收的产业就再也没有然后了。

我也想过经商，然而私自买卖农产品是犯法的。我们贩运农产品的车几次被查扣和罚款，没有赚到钱还欠了债。于是我申请了营业执照，在镇上开了第一家私营餐馆。因为到处是赊账，不仅没有钱的农民赊账，有钱的镇里干部和流氓地痞也都来赊账，不到三个月我就坚持不下去了，又欠了一屁股债，连员工工资都发不出来。

在此之前我还前途光明的时候，邻村代销店的一家人都挺佩服我，听说他家大女儿喜欢我。我就想如果跟她谈恋爱的话也许能够改变我的命运，而且我坚信我的加入会让她们家生意更好。可现实很快粉碎了我的美梦。我让好朋友晚上骑自行车去帮我送情书，不仅自行车被扣下，人还被关到了派出所。幸亏那时候严打已经过了一年多，不然我很可能会以流氓罪枪毙了。后来据她家邻居说，那个大女儿说我是全天下最愚蠢的男人，她就是嫁给要饭的也不会嫁给我。至此经商之路和爱情之路都草草收场了事。

那几年我一直在帮蒙冤入狱的堂兄申诉，生活上也会给堂嫂一些帮助。堂嫂长得非常漂亮，在周围的村里被称为一枝花。自从男人入狱后，村里的书记、队长之类有事没事都到她家骚扰。我当时在村里有两个要好的同学，就约他们一起保护堂嫂。经常晚上在堂嫂房前屋后巡逻，吓跑那些爬墙头的色鬼。因为堂嫂信任我，有事也都会叫我帮忙。一次夜里打雷房子漏雨，有人趁机爬上她家墙头，她非常害怕，不得已叫我睡到她家里防止色鬼侵害。有时候她觉得家里不安全而我又不能去她家时，她就会跑到我的住处来躲避侵害，于是村里都传我和堂嫂有奸情。堂嫂说她确实喜欢我，但她不能害我，真有关系了对她无所谓，但我一辈子就完了，所以我们一直都是发乎情止乎礼。她非常能干，拼命挣钱，养活独苗儿子。她看我在家实在没有出头之日，给了我她辛苦攒的一百块钱，让我到外地闯闯。我找镇医院的医生朋友又借了四百块，加上父母给的两百块，又像一只无头苍蝇一样，在1985年秋开始了一场没有目的地的外出流浪之旅。。

我对做生意还是有渴望，在老家的时候了解了各种日用品行情特别是布匹的价格。这趟去上海的火车上，偶然认识

第 3 章 再度流浪

了一个浙江柯桥镇开纺织厂的人。据他介绍，他们厂里的布匹质量比国营厂的好，但价格比国营厂低很多。我看了他们的供货价，对比了老家商店的价格，发现差价有两三倍。于是我到了柯桥的纺织厂参观，拿到了布匹样品，也拿到了工厂的供货价格和供货意向，就想回赣榆推销赚钱。这么好的差价，这么好的质量，我满怀希望，为了拉关系应酬，在几个星期内花光所有钱以后，却发现没有一个商店敢私自进货。掌握进货权的人都对我嗤之以鼻，还因为我知道了浙江的供货底价对我发出威胁，不让我继续在老家那边推销。到其它地方去推销，情况也都一样。这时我明白了，没有过硬的关系，想做生意赚钱根本没有机会。就这样，花光了借来的钱，一事无成，债务越拖越多。

还在上学的时候，我三哥在公社采石场做工，挣钱买了个收音机。只要他不在家，我一有空就去听收音机，听美国之音、台湾的中央广播电台等。这些广播的新闻和评论内容给了我不少启发，对于人权、平等、民主、自由等观念有了初步了解。1986年外出流浪，再没有钱我也不忘买一个小收音机，继续每天听美国之音和台湾央广等电台。

1986年中，我在南京，因为没有身份证，一天晚上在最便宜的小旅馆里被抓走，关到了收容遣送站。这次抓捕，纯粹是抓苦力，一车的年轻人，抓到的第二天就被送去下关码头背麻袋干装卸，活很重，吃不饱饭，干不动就挨打。晚上一身疲惫拉回去的时候，我的日记本和收音机都不见了。日记里很多反党内容，和各地看到的贪污腐败等。过了几天那批装卸的活都干完了，我被一个管教和几个牢头叫到一间办公室，莫名其妙就打了一顿，说你胆敢反对共产党，让你好好吃点苦头，你不在这里干满一年别想走。

过了才两三天，又有新的装卸任务，我们十几个人又被拉到下关码头。一个看守给了我二十块钱，偷偷放走了我，还给了我他的联系方式，说以后多联系。原来他也是农村出来被抓来的，时间长了混上了看守，他也非常反对压迫农民。放走我是因为我有反动思想，而且有日记为证，再不走可能要被转到公安局判刑。

走投无路，又一次必须回家。二十四虚岁了，在农村能够讨媳妇的基本都有孩子了，可是我因为名声太差还打着光棍，父母为此感到丢人。虽然我父亲做各种小吃在当地非常有名，做小生意足以维持生计，但父亲并不希望我这个光棍呆在家里，让左邻右舍笑话。我母亲也曾经托媒人帮我介绍，每个介绍的姑娘都对我嗤之以鼻，说那么大好的前程都被我傻傻地混没了，死也不能嫁给我。于是父母给了我几百块钱，叫我还是到外边自己闯吧。

从这一年开始，我跟在各地认识的一些有想法的流浪朋友经常通信联系。我们自称"拓荒社"，互相寄一些只能靠复写纸复写出的三份四份的传单。我们主要探讨什么是社会主义，认为社会主义应该是平等民主的，现在这个时代不应该让农村人再成为没有自由的农奴，拼尽老命都难以讨生活。那时候，尽管我经常听美国之音，但思想上还是认可社会主义，只是认为中国绝对不是社会主义，而是血腥的封建主义农奴制。真正的社会主义应该像北欧或加拿大那样。

第 3 章 再度流浪

第 4 章 政治活动

1986年底，合肥上海等地开始爆发学生运动。合肥的中国科技大学学生因不满合肥市西市区人大代表选举问题，抗议中共不遵守"新选举法"，违法干涉基层民主选举，联合合肥工业大学、安徽大学、安徽医科大学等高校四千余名学生走上街头，发起"要求进行民主选举"的游行，由此引发全国范围的第一波学潮。随后湖北、上海、江苏、浙江、黑龙江、北京等省市高校的数万名学生上街游行。学潮在上海达到高峰，十几所高校学生上街游行示威。人数最多的一个星期，每日游行学生达数万人。同济大学、上海交通大学、上海财经大学等是上海学潮主力。最后经地方政府和学校当局的疏导和阻止，以北京的"元旦风波"被平息标志着前后持续二十八天的学潮结束。学潮刚起的时候，我到一所师范学校去看望几个高中同学，其中一个女同学得知了我的惨状，在我走的时候还哭了，可是他们不但对安徽学潮一无所知，对我不能考大学的事实依然认为是我自己的问题。那几年全国思想比较开放，对比以前和现在都是最自由的时候，所以他们对社会没有任何不满。

离开那个师范学校，我到了上海海运学院，找一个一年多前在火车上遇见的谈得来的学生，是他告诉我海运学院有个叫倪育贤的老师思想开放，大胆敢言，思维清晰，觉得我应该找机会去拜访一下这样的老师。等我找到这个学生，才知道倪育贤老师由于被多次批判和处分，已经离开学校去美国了。

这次来上海，虽然知道学潮轰轰烈烈，但我作为一个高中辍学的学生，根本入不了大学生们的眼，无缘参加人家的运动。但我不想离开上海，就找了一些在小餐馆洗碗的零工，勉强糊口。

此次学潮被平息之后不久，1987年1月16日，时任中共中央总书记的胡耀邦因学潮事件受到党内保守派的施压而被迫在中共中央政治局扩大会议上主动请辞，由一致推选的赵紫阳代理。这期间"反对资产阶级自由化"运动在1月28日正式开始，直到次年夏天才结束。

学潮结束后，上海开始大规模抓盲流，清理城市三无人员。我这个农村人又一次被抓进了上海收容遣送站。当时，我身上带着收音机和英语书，看上去跟其他农村盲流不一样，一进去就跟犯人头一见如故。经过一夜交谈，我们成为了好友，第二天他就跟遣送站报告，升我为犯人头下面的小看守，跟犯人头住一个房间，吃饭菜比较好的小灶。有知心朋友一起，感觉生活比外面还好。但是，我们俩都是心底柔软的人，打人欺负弱小我们都下不去手，当看守才一个多月我们俩都被嫌弃，就被双双遣送回了老家。

1987年到1988年间，虽然政治上反自由化，经济上继续开放，经济比以前日益活跃。我因为走南闯北知道一些异地信息，利用信息差给别人介绍进货渠道，浙江的布匹，苏北鲁南的农产品等，一些有良心的人时不时给我一点介绍费，那几年的流浪费用还算能够维持。尽管还不能还债，但总算

第 4 章 政治活动

不用借新债了。我和湖北、湖南、四川、河南、云南、山东、安徽等地不少心比天高命比纸薄的高考落榜生们一直通信，交流信息看法。不少人跟我想法一样，认为中共是封建极权，根本不是社会主义，特别是得知戈尔巴乔夫从根本上放弃了社会主义价值观和政治体制的新思维，更加坚信了这一点。我提议正式成立拓荒文学社，虽被多数认同，但鉴于成立组织风险太大，最终共识是我们可以自认这个社团，但不对外宣布，也不轻易拉人加入。我们通信中都互相鼓励，各自在家乡的农民中介绍国外农民状况，介绍国外的城乡平等。

1988年在长沙岳麓山，我看到当年在日本投海自杀的民主运动先烈陈天华的墓碑断裂，与湖南大学的一些学生沟通，希望通过重树墓碑唤起人们的政治热情，无奈无人响应，只得失望离开。

1988年我还做了一件疯狂的事情，有个湖北笔友在昆明被抓进了收容遣送站，在一个警察朋友帮助下，为了找他我主动进去了。警察朋友怕我受到伤害，在我的入所材料里做了标记，由于这个标记，我一进去就被安排到给干部做饭的小食堂，有单独的宿舍，吃饭可以随便，也因为有好吃的在手里，所里的牢头狱霸都得巴结我。

昆明的收容遣送站比上海南京的都要大，就在黄土坡。我进去的时候，除了我，所有其他被抓来的都要挨打。昆明的夜间很冷，但每个号室里都没有足够的被子。我在那里四十五天，看到不下十个不到十岁的小孩也跟那些乌七八糟的人关在一起。

这个收容所里关的都是不能劳动的，能劳动的都被关在各个工地上，临到要遣送的时候才集中关到这里，一两天就送走。有些昆明本市的人有时候也会被莫名其妙关到这里，必须有家里人来打通关节，才能放走。

被收容人员每天都很饿，食堂里有时候煮点骨头汤，骨头渣都会被嚼烂咽下去。那些被挑选来做管理的被收容人员就与狱警合伙，把没收的好东西给狱警，不到两毛钱的馒头卖两块钱，得利大部分给狱警，小部分这些牢头享用，日子挺滋润，很多牢头都不想离开了。

偷偷摸摸在所里找了两个多星期，都没有找到湖北朋友，我就找各种理由跟大食堂的炊事人员去各工地转悠。有个建筑工地就在圆通山附近的小菜园，我们到达时已是中午，据说被收容人员从早上八点就开始干，一直都没有休息。明显可以看出，一些提着灰桶的人走路都摇摇欲倒，不到十分钟的时间，就看到两个人因为站不稳从脚手架掉了下去，那些看守牢头不仅不去拉一把，还用细木棍抽倒下去的人。开始分饭了，一人一碗饭，和一碗看不到油星的白菜汤，一点肉都没有。每个人都是几口就吃光，看着他们吃完了还显露出来的饿相，我心里十分难受。

第二个去的工地是西山小普吉的制砖厂。饭送到时都快一点了，工人们也是从早上就开始干的。饭菜跟建筑工地的一样，分量也一样。湖北朋友果然在这里干活，他原本是个很健康的小伙子，聪明干练，非常正直，在这里干了快两个月了，瘦得皮包骨。看在我给干部做饭的份上，工头同意报告所里，说他病得不能干活了，让他回所里遣送回家。

我去了他们睡的窝棚。十月的昆明是雨季，从地上到铺

第 4 章 政治活动

板上都是湿漉漉的，这么潮湿寒冷的环境，也很少有人睡不着，因为每天都太累了。

据说还有个最可怕的工地，是西山采石场，送到那的收容人员，每年都要死几十人。因为朋友已经找到，我们就一起离开了，没有去探那个十八层地狱般的工地。

1989年初，我和小河北试图从厦门偷渡到台湾。两个人来到厦门两个多月都没能找到一个渔民敢带我们出海，因为我们都是穷苦人，身上的钱太少，人家就是敢也不愿意。

到四月中旬，我们相继从收音机里听到波兰民主运动和北京学生发起悼念胡耀邦的事情，感觉中国的形势也要变了，也许不需要跑去台湾了，两人就决定赶往北京，去参加北京的学生运动。月底，我们到达湖南株洲，转车的时候，遇到车站抓盲流，我和小河北分头跑，我又被抓到遣送站。好在我当时马马虎虎可以说几句四川话，就假报了一个四川的地址。这次抓的几十个盲流，大概跟学潮有关，很少有送去做苦力的，到6月5日也没有遣返回乡，全放了。这导致整个学潮过程我都无缘参与，非常遗憾。

释放以后，我当即在株洲火车站发表演讲，呼吁民众应该支持全国学生的民主诉求。共产党从一开始就是封建专制，从来就不是社会主义。共产党里面只有胡耀邦、赵紫阳这些人有真正的社会主义思想，现在却被老家伙们联手打压消灭。我向听众提出，真正信仰共产主义的，应该组织一个民主共产党，追求实现自由和平等。当即就有一个从北京撤回的上海大学生呼应，邀请我跟他一起回上海，商讨下一步怎么办。

到上海后，我们脑袋一热，商量的结果是应该到中缅边境建立一条通道，方便被抓的大学生和民运人士逃亡，联系缅北的武装，同时联系台湾政府，看能不能说服他们吸纳中国大学生，蓄积力量，等待时机，推翻中共。

6月9日我到达了昆明，次日在东方广场依然看到人们群情激愤，对北京学潮被镇压悲痛欲绝。有个二十多岁的姑娘穿着白衬衫，一直在广场来回走，背上有几个手写的黑字："朝我开枪，我愿与他们同去"。我很感动，跟着自发的人群排队与她握手。广场另一侧有二十几个人围在一个电线杆周围，照着电线杆上贴的歌曲"历史的伤口"一起含泪歌唱。他们唱完歌，我提出我们应该另组一个中国民主共产党，以区别专制的共产党里，虽然应者寥寥，但总算找到一两个同道。

我结识了同住在武成路小旅馆里的俞安民。他来自四川涪陵农村，琴棋书画吹拉弹唱都很精通，彼时在街上卖字画为生，有时候也卖草药。当时六四过去不久，社会氛围特别是社会底层还是支持学生运动同情学生遭遇的占多数，我们交往说话也都很大胆，很快就无话不谈。他知道我搞中国民主共产党这回事，表示愿意一起参与。有了他的加入，我们的传单设计比以前好看多了。

俞安民也是个很有故事的人。他非常聪明，十八岁的时候参加培训做了赤脚医生，外加他琴棋书画吹拉弹唱的表现，让一位上海下放来的美女知青着迷，于是两人陷入热恋。然而公社书记对这位美女知青垂涎已久，想尽办法接近，都被拒之门外。书记探听到原来是俞安民夺走了女知青的心，就逼俞安民离开女知青。女知青仍然不放弃，于是书记就把俞

第4章 政治活动

安民抓走，以破坏知识青年上山下乡罪劳教三年，就此才华横溢的俞安民成了罪犯，再没有翻身的机会。

后来他又给我介绍了一个流浪的退伍军人商京宗，人高马大的一个人，是抗美援朝老兵，曾经是副营级，因为被俘虏过，回到中国一直受迫害，最后被发配回农村。他就干脆不要户口了，在全国流浪，以算命为生。这老头跟我见了面后，也搬到我们的小旅馆一起住。

不久，商京宗在摆摊算命时碰到一个衣着整洁不苟言笑的中年人问卦。商老头很会察言观色，看出这人可能在政府做事，遇到了不如意的事情。当时政府内部在搞人人过关，有可能他存在内心不甘的问题，就试探着说："你应该是吃官饭的，是不是现在有人逼你做恶人？"没想到一语中的，这人是市里某区党委的秘书，正在接受审查，要他交代和检举学潮期间自己和他人的反党言行。他不愿意，心里苦闷，想看看自己官运是不是到头了。商京宗赶紧告诉这位秘书，说现在另有一个共产党，是拥护赵紫阳的，要东山再起，要实现民主与法治，要给人民自由平等，说了一大堆。这位秘书真被说动了，不仅给了我们一千块钱，还几次秘密帮我们把传单带到政府机关里去。

渐渐地，云南师范大学的几个学生也经常来我们住的小旅馆，主要是谈论时局，也不敢深谈，不敢说组党的事情。组党一事我们仅限于知心的几个人。

在这期间同住在小旅馆里的还有一个叫周莉的成都女人，她跟我同岁，身高一米六五，比我还高一点，长相大气漂亮。她听见我总是在旅馆里放肆地高谈阔论，就经常到我房间，买来的好吃的也会给我一份。几次交谈后她说喜欢我，但我告诉她我是农村户口，朝不保夕，没有资格获得爱情，说不定哪天还会被抓走，但她非要粘着我，还给我钱用。

为了不连累周莉，我悄悄离开这里，搬到另外一家防空洞改成的旅馆里。几天以后，周莉还是通过摆摊的俞安民找到了我，大骂了我一顿，转头就用最简陋的电炉给我做饭吃。她不嫌弃我住处简陋，非要跟我住一起。这时我才知道，她有个女儿，前夫是个赌徒加毒贩，离婚前经常打她。好在那个男人最终被抓，在枪毙前良心发现，把十几万存款都给了她。她觉得我是个可以信任的男人，愿意跟我一起回我们老家去，用这十几万做个小生意。然而这时的我满脑子都在想那个边境通道，一门心思反共，对周莉的规划根本不感兴趣。但她还是跟我住一起，想用时间来感化我。

到8月底9月初的时候，除了周莉，我们所有人都陷入了财务困境。多亏了周莉，我天天冒险写传单，在外面发传单，也不去想办法挣钱，她每天给我买来食物，保证我的起居。当她知道了我老家的地址，还非要把我和她的合影寄给我父母，说这样能让我父母安心。说心里话，我真的非常感动。

9月14日，我和周莉正在睡梦中，房门被打开，一名穿警服的警察和几个便衣冲进了房间。当时，我登记的身份是四川的，因此操着四川话回答问题，但他们直接说出了我的名字，叫我不要再装了，说找了我很久了。

第 4 章 政治活动

第 5 章 囚徒生涯（之一）

抓我那天是中秋节，这些警察也不休息，当即将我送到昆明市五华区看守所暂时羁押。一开始，审讯警察老是问我怎么骗周莉的。我说我肯定得骗啊，我穷得吃了上顿愁下顿，不骗哪来的女人会跟我。我说我骗周莉我江苏的家里很有钱，打算骗她去江苏跟我结婚。没想到周莉这个傻女人，坚持说我没有骗她。我几天后转到市看守所时她还被关着，从此我再也没有见过她。

在以后的几天里，警察在小旅馆里蹲守，谁去找我就抓谁，相继抓到了好几个人，其中有云南大学和云南师范大学的几个学生。后来这些人陆续被放走，但有三个人是在开庭前才被免于起诉。

刚进看守所那天，照例是所里的老犯审问新犯，给个下马威。当我回答牢头我是因为反对共产党，支持学潮进来的，牢头立刻站起来请我坐，大声告诉整个号房的人，说我们这来了革命党，革命党都是英雄，不准欺负他。当时因为正值中秋节，不少在押犯人家里都送来了月饼、水果和卤肉，他硬是要所有人都拿出最好的东西，每个人还要唱一首歌，向革命党致敬。我说我不算革命党，只是个农村的小人物，反对共产党纯粹是受不了共产党的压迫。但这位牢头坚持说敢反共就是英雄，还要我记住以后不管到了哪里，都要记住我有他这样一个支持者。

四五天后我从五华看守所转到昆明市看守所。主审警察说他们共产党讲文明，不会对我用酷刑，还说现在要把我送到东南亚最文明最好的看守所。但我在看守所几天听到看到的都是各种酷刑，压根就不相信他们的鬼话。

到昆明市看守所的第一天，刚进门，"咣当"一声号房门被锁上，凶神恶煞的牢头大声呵斥："厕所边靠墙站好，不许动"。问我是干什么进来的，我说是反对共产党。他大骂我，喝令两个打手先教教我规矩。

两个打手扑上来就开打，我虽然有点懵，但想到主审警察说他们不虐待我，这正好给个反例，我就想把事情闹大。看到旁边有脸盆、铁碗和筷子，我抓起脸盆就朝两人头上砸。脸盆被夺下我就拿起铁腕砸，抓起筷子往他们脸上不计后果地乱戳，打得两个家伙脸上挂了彩，都站在那里不敢动了。我趁机又拿起铁盆，照着铁门使劲砸，"咣咣咣"的声音传遍看守所，所里的看守和武警都过来了。我大喊，共产党是骗子，说文明不用酷刑，却用凶恶的犯人来打我。看守所没有想到我会反抗，怕我更疯狂，就把我换到了一个所谓文明号房。

文明号房关的都是毒品犯和经济犯。牢头是个毒品犯，已经判了死刑，据说很冤枉，当局一再安慰他承诺帮他申诉，说很有可能改判。他很配合当局，认真当牢头，劝说其他人认罪从轻，不跟当局硬扛。但几个月后他就被拉出去执行了死刑，临走时才说共产党信不得啊。

还有一个死刑犯，是不知情的情况下帮别人带了五十克海洛因。这人对人特别好，对所有人说话都轻声细语，家里的老婆孩子都是借钱来给他送吃的，看得出来家庭特别和睦。我进去没几天他被叫出去做了很多化验，回来他就说自己可能不得好死了，会被拆零件了。果然他很快就被单独执行了死刑，没有像其他死刑犯那样成批执行，每个人都知道他肯定是被摘了器官。

号房里最冤枉的是两个经济犯和一个文物犯。那两个经济犯一个是国营大厂的工程师，利用不上班的时间给乡镇企业做顾问，得了大概十几万，成了贪污罪。另一个是一个国营厂的厂长，接手亏损企业后想办法搞活经济，扭亏为盈，因额外给一些技术人员发了奖金，也成了贪污犯。而那个文物犯最为冤枉，他是文物专家，一直都在抢救文物，准备利用自己家里的收藏，做个私人博物馆。当局抄他家的时候，搜出了几件一级文物和多件二级、三级文物，在没有任何贩卖事实的情况下强行没收了他的所有收藏，把他关进了看守所。他进来后我们俩成为了非常好的朋友。他几个月后签字捐献所有收藏才被放出去，后来他不仅到看守所看我，打听到我在监狱后还特意到监狱探望我几次。我也是从他这里了解到，中国的文物，最好是送到国外去，因为只有在国外才会被好好收藏，我们的后人才能看到，留在国内，不是被毁掉，就是疏于保存最后坏掉。他后来到监狱看我的时候，告诉我他被迫捐献的那些好文物一件也找不到了，省博物馆里根本没有那些文物的踪影，无疑是被人私吞了。

然而一个毫不冤枉的家伙，进来后却不到三个月就放了。这人姓彭，是云南省民政厅办公室主任。那时候，距离云南腾冲大地震刚刚过去不久，全世界都为腾冲地区的灾民送爱心捐款。中国政府也极力向世界展现一个他们接受捐助真心帮助灾民的好形象，公开承诺廉洁和透明地使用捐款。所以当国际红十字会及港台救援机构得知他们的绝大多数爱心都被贪污挪用，灾民几乎没有得到救助后，全球舆论大哗，鉴于国际舆论压力，中共只好抛出一个替罪羊，就是这个老彭。

老彭对自己当替罪羊非常不忿，所以发泄不满向我透漏了不少黑幕。他说当时挪用捐款都是省委书记直接下命令的，捐款都用来给省委及各部门买高档进口汽车，给省高官及亲朋好友发奖金了，他自己根本没有贪到多少钱。他还发狠说真要判他的刑，他会让亲友在香港公布省委省政府挪用的细节和证据。

老彭参加过中越自卫反击战，还是某炮营的营长。他说中共军队在越南根本没有什么军民政策纪律之类的东西，最后的时候基本上是男女老幼见人就杀。撤出来的时候，连米糠都不给越南人留下，能拉走就拉走，拉不走就烧掉，完全没有人道可言。说共产党的三光政策，比日本人厉害多了。

老彭刚进看守所的时候，看到我们买猪头肉吃得津津有味，一脸的看不起，说他家猪头肉喂狗都不吃。到了第二个月，他每个星期都买一大份。还说以后出去了，要把猪头肉吃个够。

到第三个月，老彭就被放了。应该是他威胁要在香港公布上层贪污的细节让中共害怕了。

另一个毫不冤枉连自己都认罪的人是银行放贷员小曾。当时报纸上说他贪污受贿四百多万，但他说自己只得到了一百多万。他即使在看守所也穿着皮尔卡丹，每天都买很多

第 5 章 囚徒生涯（之一）

好吃的。他最看不起我，说你反什么共啊，我贪几百万也是人民内部矛盾，不会怎么样的，你反共整天苦哈哈，太傻。他顶住公安机关压力，坚决不退赃，说钱在我手上，多送点给起作用的官员就好了，不会判多少，真把钱都退了，雁过拔不了毛，肯定判得更重。

　　1990年3月份我被以领导反革命集团罪判刑八年，附加剥夺政治权利三年，对共产党的法律我已经在堂哥的案件上有深刻认识，所以不存幻想，放弃了上诉。

　　判决不到一个月我就被送到了云南省第二监狱，地点在昆明市西山区王大桥镇附近的长虫山，对外名称是云南省金马机械总厂。这个监狱生产的吉普车、发动机、五金以及分拣的核桃、芸豆等都是出口产品。

第6章 囚徒生涯（之二）

我一到监狱，就被直接安排到"入监集训队"里的政治犯号房。当时云南省八九六四有关的政治犯全部关在这里，共有十四人。

我的同案俞安民，被判刑四年，一起来到了这个监狱，这是将近一年以来除了在开庭时互相望了一眼后我们第一次见面。

吴海针，英语言文学硕士，原云南教育学院讲师，国民党革命委员会云南省委委员，曾经是牛津和剑桥的访问学者，被称为西南小方励之。学潮以前他是教育学院万众瞩目的年轻学者，是女学生们竞相追求的对象，整个云南省八九学潮期间，各学校的学生领袖都唯吴先生马首是瞻。他被判刑两年半。

王存，云南省第一家星级宾馆金龙饭店的财务总监，当时的工作和社会地位都算不错，学潮一起他就加入运动，出钱出力出谋划策。最后被判刑四年。

杨宏，中国青年报云南记者站主任，利用记者便利传播学潮和中央对抗的信息，判刑两年。

汪卫军，原成都军区云南军分区军械科科长，工程师，因鼓动某师长朋友效法蔡锷，被重判十五年，认罪也没有获得减刑。据他自己说：1989年北京实行戒严后，他与十四军的一名师级高官对此持反对意见，私下多次交流后约定：从云南蒙自发兵"讨邓拥宪"，学习蔡锷将军当年"拥宪讨袁"，誓言做新时代的"小蔡锷"。汪卫军的任务是"到广场观察形势，如果形势有利，立刻回电。"汪卫军到广场视察后，见民心几乎一边倒，就到邮电局给这位师长发电报。电文是："大局已定，立刻发兵，讨邓拥宪"。但汪卫军万万没想到，他的电报被小小的发报员给卡住了。那名发报员把电文藏了起来，要"看看形势再说"。后来，随着坦克的推进，发报员把电文交给了上级。汪卫军被军事法庭判处了十五年监禁。据悉，六四之后，江泽民亲赴云南审查那位师长。由于师长未收到电文，拒不承认。江泽民说："至少在汪卫军看来，他是可以争取的对象。"后来该师长被撤职，下落不详。如果当时汪卫军采用电话或回部队通知而不是发电报的形式，亦或发报员把电文发了出去，六四的历史可能就会改写。

齐金贵，驻滇某部队坦克团的播音员，六四时才二十出头。由于在部队播音室工作，有机会听到全世界对六四大屠杀的真实报道，出于义愤，他以"中国人民解放军普通一兵"的名义，写了几十封抗议信，从邮局投递到各政府机关。法庭上公诉人指控他："被告从反动报刊及电台里得知我平暴的消息后，身为军人，不但不支持政府的行动，反而投出几十封抗议信，完全丧失了革命军人的立场。"他辩解："当时几乎所有的电台，都在报道说北京天安门发生了大屠杀。我不知道全世界的电台都是反动电台！"小齐在部队播音室工作时，不但可以收听到各种外国电台，还可以看到香港《大公报》、《文汇报》等。他补充道："当时不止香港《大公报》、《文汇报》的报道支持学生运动，《人民日报》头版头条也报道过，说学生是爱国的。中央人民广播电台也报道过民主党派致中央的信，也说要肯定学生的爱国热情。"法官说："那个时候不仅香港的《大公报》、《文汇报》是'反动'的，连《人民日报》、中央人民广播电台也被少数反动分子破坏了。至于民主党派，他们就是从反动中改造过来的，他们的话不足为凭。"小齐说："我没有那么高的鉴别能力。"结果他被判了两年。被捕后因受到酷刑虐待，形成应激障碍，来监狱的时候已经明显精神不正常了。

孟洋，原云南省烟草总公司总经理之子，从父亲拒绝贪腐被挤出单位，看透了共产党的腐败，学潮期间担任昆明市市民声援团团长，出钱出力非常英勇。他被抓到看守所里，实在受不了虐打，就想以自己的鲜血唤醒国人，一头朝墙角的金属水龙头撞去，还大叫一声："弟兄们，我先走了！不要忘记我的鲜血！"顿时鲜血染红了墙壁，结果没死成，反而大脑受损，从此时常就会出现大脑短路的情况。

张忠良，昆明市市民声援团的成员，文化不高，看上去很憨厚。逮捕他的唯一罪行，就是他在游行队伍中高呼："打倒法西斯！"就因为这一句口号，上面拍板必须判刑。在法庭上老张辩解道："我没喊过反动口号。"公诉人质问："难道你没喊过'打到法西斯'的'反动口号'吗？"老张告诉法官，他只上过小学，上小学时语文老师给全班同学讲了德国法西斯残害人民的故事，最后，还要大家高呼"打倒法西斯！"语文老师曾经告诉他，"打倒法西斯"是革命口号，他以为法西斯那一边一定是不正义的，所以他才敢喊"打倒法西斯"。公诉人说："你恰好判断错了。"老张最后还是

第6章 囚徒生涯（之二）

被判了一年，算是我们那批六四政治犯里判得最轻的一个。他苦笑道："幸好我只喊了一句'打倒法西斯'。"

1991年底又送进来几个人。

钱义祥，江苏盐城人，被捕前是云南开远军分区医院的专家，1990年到昆明筹划六四纪念活动被抓，被重判二十年。监狱官员及家人生病，都会求他去看，但看完了还是说他不服管教一再严管惩罚。跟他一起被捕的一个开远市民事庭庭长，也被判刑2年，但我不记得此人名字了。

云南民族学院的两个学生，都是参与六四被捕的，一个叫谢永红，另一个被折磨得精神失常，我忘记了他的名字。

赵兴能，云南大学哲学系学生，我记得他好像是个深山里出来的彝族人，深邃的眼睛总是透着一股哲学思考的迷茫。他把自己的《西方哲学概论》送给了我，我如获至宝，看的比小说还有兴致。我特别对里面提到的怀疑论感兴趣，反复阅读，觉得解开了我很多想不通的思想疙瘩。通过琢磨怀疑论，我明白了自己的渺小和局限，不再认为自己多么正确，也知道其他人看到的也是他们的真实，跟我看到的不同不代表是假的。

梁超天，缅甸华人，中国民联缅北支部负责人，受王炳章委托，试图开辟一条边境通道，营救处于危险中的民运人士。1990年初一个中共军官邀请他进入中国商讨细节，被诱捕判无期徒刑。他虽然认罪，被减为二十年，但以后还是不被信任，减刑过程非常缓慢。

还有一个1981年就被抓的谜一样的人物也跟我们关在一起，他叫李占群，1942年9月出生，湖南祁东县人，经历非常复杂。当时，他内心是非常反共的。他先是逃到缅甸，逃亡路上以炸爆米花为生。后逃到台湾，当选了国大代表，被骗回中国以特务罪判刑二十年，认罪之后还写了各种赞美共产党的文章发表，也只减了两年刑期，到2000年才被释放。

入狱后最改变我思想的事情是遇见四五个七八十岁的一贯道犯人，几乎每个人都在监狱呆了二三十年。他们是我见过的最讲理、最平和、最乐于助人的老人，即使在罪恶的监狱中浸淫了几十年，仍然是中国人里的楷模。几年里，尽管我们年龄相差巨大，我与他们相处非常愉快。他们因为对出狱没有了向往，没人打算逃跑，政府就让他们在山上种菜，他们经常拿一些新鲜蔬菜给我。

这些老一贯道告诉我，中国人的道德彻底滑坡应该是从土改开始的。土改过程中，各村里都是流氓地痞得到提拔和表扬，原来勤恳种地积极经营的农民沦为了最低贱的人，谁不讲理不要脸谁就能出人头地，哪怕只是不积极同流合污的一般人也会受尽欺负，结果就是整个农村都不再有任何道德残留。后来到了海外，了解了更多的土改历史，我彻底信服了这些一贯道老人们的说法。

也有好几个基督徒囚犯，他们在困境中满脸是自然的微笑，让人印象深刻。那时候我不是基督徒，认为他们很傻。

在这里我还遇到了云南玉溪的回民领袖马贤美，他是因为反抗不人道的计划生育暴行，带领回民示威游行被抓的。他说，他要是带人去打汉人抢汉人，共产党不会抓他，抓的就是像他这样理性守法有威望的好回族。

第 6 章 囚徒生涯（之二）

当时在狱中，我曾写有几首诗：

母亲啊母亲

甘甜的乳汁哺育过我，
我怎能不爱您？
馨香怀抱温暖过我，
我不能不爱您！

我不能不爱您呀，
我至亲至爱的母亲，
可你为什么，
总要错待儿子的爱心？

我想用巴黎的香水
抚平您苍老的皱纹；
我想用伦敦的时装
换去您身上破旧的衣裙；
我想用东京的彩电，
娱悦你沉闷的心灵，
我想用纽约的汽车，
开阔您狭窄的眼界，
我想用多瑙河上长鸣的汽笛，
惊醒您昏睡千年的旧梦，
我想用我自由的双手，

为您创造一个应有尽有的自由仙境。

可是，我可亲可悲的母亲啊，
为什么您会把这一切，
看作是邪恶的象征，
还把我看作，
最最不肖的子孙？

当我穿着千层底的笨布鞋，
穿着传了几千年的对襟小褂，
和膝盖上打了百层补丁的灯笼裙子，
……
我亲爱的母亲啊，
您可知人家怎么说我？——
你呀，你肯定没有一个好母亲！

我是多么地爱您呀，我的母亲，
不顾自己的牺牲也不顾您的伤心，
正是因为我爱你爱得深沉。

　　　　　　　　　　90 年 5 月 30 日

无题

心的彼岸

石清的奇异恩典之旅

是几棵寂寞的骆驼刺
在百年无雨的沙漠里
扎根到深渊之下
去吸取水的润泽

1995 年于狱中

无题

一双黑手
伸进黑乎乎的坟墓
抓出一把
白森森的死人骨头
两只赤脚
踩着晃悠悠的地球
寻找一条
雾蒙蒙的天国之路

92 年于狱中

未来光明颂

把太阳，
填充大脑
谁也遮不住

天赐的光明!

把月亮装进胸膛
谁也夺不走
绵远的柔情!

把大地
搅入怀抱
让每一个细胞
都充满生命的歌咏!

把过去
陈列在书架
让历史的轨迹
永不灭真假美丑的见证!

望未来
和着爱的脚步
哪怕走进地狱
魔鬼会畏惧我爽朗的笑声!

  我累了

我累了

第 6 章 囚徒生涯(之二)

可我的事业
仍只在起步中

我累了
我还要拼命
只为我的事业
是我一生的梦

我累了
我还在拼命
通往成功的路上
充满了俗世的纷争

我累了
看得见希望
却始终抓不住
成功的踪影

我累了
躺在上帝的怀里
向上帝祈求安宁

第7章 囚徒生涯（之三）

我到监狱的时候，正是政府秋后算账最为严格之际。每个刑事犯人都享有会见家属的权利，而很多政治犯已经入监半年多了，这项权利却完全被剥夺了，说他们不认罪不准会见。到了1991年初仍然不准，大家都非常气愤，于是采取绝食行动予以抗议。

一听到政治犯绝食抗议，监狱当局立刻做出激烈反应，姓张的副监狱长，外号张老邪，带着最凶恶的狱政科科长李洪刚及一帮干警，加上一大帮凶神恶煞的刑事犯狗腿子，轰隆隆冲进我们号房，大声喝问谁绝食。我和另外四个站出来说我们绝食，他们立刻扑上来把我们按在地上，一顿拳打脚踢，用绳子狠狠地捆起来，把我们拖到楼下另一侧的严管室。可能他们觉得我算是带头的，又是外地人，就把我单独拉到一个房间，吊起来，把绳子紧了又紧。我顿时感到手臂和肩膀似乎都不是自己的了。李洪刚更是不停地用警棍抽打我。

一个多小时后，有个平时对我们很好的警察进来，跟我说你们绝食没多大意思，也就是个家属会见的事情，会解决的。你告诉他们不要绝食了，不然以后你的胳膊就废了。我想想也是，就同意了。放出严管室到了饭堂，其他几个人也在，其实大家都同意停止绝食了，看来并非只有我一个识时务啊。

我们停止了绝食，惩罚并没有停止。以后的一个月里，我们几个绝食者被强迫坐在一个只有十厘米高的小板凳上，每天从早上六点开始到晚上七点才结束面壁思过，上厕所都要报告并得到批准。

一个月后，面壁思过结束，监狱开始用超强体力劳动惩罚我们。这次不仅是绝食者，全部政治犯一起到山上挖果树坑，要求在满是石子的山上挖出一米深的坑。刑事犯大汉看着我们挖，每挖好一个都用尺子量。看我们规定时间内挖成不困难，就给我们加量，反正是让我们饿着肚子拼命，从早上六点到晚上六点不能停。后来孟洋挖出了一具腐烂的尸体，他们才不让我们挖了，估计是怕我们知道太多他们杀人的秘密。

不让我们出去干活的时候，就拿来《人民日报》或其它洗脑报纸的长篇大论，逼我们学习，或者看一些洗脑电影，或者重复看他们选的新闻联播录像，都得写读后感或者观后感。我们对此消极对抗，好几个人都是写"社会主义好，社会主义就是他妈的好，共产党亲，共产党真他娘的亲"。狱政科专门来检查，说我们思想反动不悔改，要惩罚我们。我们就反问这些话哪句反动，请指教。他们也没有办法，只能惩罚我们跑操，跑操虽然屈辱，但锻炼身体，我们也就既来之则安之了。

那时候，外国进口的家电成了中国家庭趋之若鹜的追求，买不到正版的，许多人买走私的。但走私的家电说明书几乎都是英文，很多狱警家里买了这些东西，却看不懂说明书，他们知道我英语不错，就来找我翻译。有的狱警很高傲，假装代表监狱测试我英语，我一看都是什么家电之类，肯定是私人的，就说我不干。多数狱警还是很诚实，说是自己家里买的，看不懂，请我翻译，还带点吃的给我。我就认认真真给他们翻译，得到的食物狱友们一起共享。

那时候虽然开倒车，但英语在人们心中的地位还是很高的。几个狱警把孩子送给我，让我帮他们补习英语。由于我各门功课都不差，我也给他们补习语文和数理化。渐渐地，有的狱警和他们的孩子们越来越信任我，甚至狱警两口子打架都找我调解和开导。孩子们来学习的时候，都带着很多好吃的，还多次帮我买收音机，我们用来听美国之音、自由亚洲、台湾中央广播电台等，每次没收了孩子们就再给我买一个。有了收音机，夜间我们轮流躲在被窝里放在耳边听，白天休息的时候听者讲给没有听的人，这样我们那段时间随时都能了解外面的一些信息。

特别感恩的是，个别狱警帮忙安排探望，不仅是亲人，我有三次朋友来都是他们安排在自己办公室或者家里，让我们相见。

那段时间我的英语也突飞猛进，接连翻译了两本书，一本是电影剧本 Pretty In Pink（《粉红衣裙真漂亮》），一本是小说 Peking（《北京》）。Pretty In Pink 写的是一个美国的女高中生，父亲失业五年，母亲去世了，父亲苦闷酗酒，啤酒一喝就是五六瓶。女孩边上学边打工，后来自己买了一辆旧车。父亲开着另外一辆旧车，苦闷无聊时就开到海边吹风。这篇翻译开阔了我的眼界，但其他狱友看了剧本都嗤之以鼻，认为我是胡乱翻译的，世界怎么可能有一个地方，那么穷的家庭可以有两辆车，可以一次喝得起那么多啤酒？直到吴海针告诉他们国外这很平常，狱友们才在惊叹之下相信了我的翻译。

Peking 写一个英国天主教青年来中国传教，与同在中国传教的姑娘相遇相爱结婚，生下一个孩子后他们在江西被红军抓住。红军要传教士写信给上海的主教支付大笔赎金，可教会的政策是绝不付赎金，以防更多传教士被抓。主教心怀不忍，决心用自己交换这对年轻传教士。很明显这不是红军想要的结果，没有得到赎金的红军气急败坏，毫不留情砍了传教士老婆的头。主教年老体衰，一路颠簸，到了贵州眼看要追上红军的时候，病死了。红军押着传教士，本来要杀了婴儿，但有个女红军，是个高官的老婆，救下了婴儿，并给婴儿喂奶，最后竟然爱上了传教士，一路上对他照顾有加，还陪他睡了。传教士一直被押到延安，周恩来亲自面谈才予释放。

1991年某月的一天，所有我们这些政治犯都被莫名地关在监室，不准开窗不准靠近窗户往外看。直到第三天，夜间听了收音机的狱友才告诉大家，那天是美国国会代表团来这里考察中国监狱人权状况。也许美国政府知道我们关在这里，1997年我在泰国申请庇护的时候，律师找到有关资料，果不其然。

美国国会考察团来过以后，我们的待遇就好很多了，不仅跟刑事犯一样每个月可以会见亲人，伙食也得到了很大改善，狱政科对我们也没有以前那么严格了。

在狱中有时候我喜欢作词，1992年端午节曾经填词一首《江城子·端阳感怀》，其实是纪念六四：

浩淼无极楚天高，龙舟摇，人如潮。端阳又至，白云低为孝。

楚王心悸忧患士，刑流放，逐去朝。

汨罗江上歌离骚，天问了，魂归早，国殇旧识，惊问楚安否。

江水呜咽泣忠魂，楚人哭，秦人笑。

其实那时候不少狱警内心是同情支持我们的，但一些傻狱警傻犯人看不清楚，老是想通过虐待我们向上邀功。有个非常恶劣的警察指使刑事犯牢头无缘无故把我拉到小黑屋暴打。晚上值班队长看到我脸上的伤，问我怎么回事。我说了事情经过，于是当天晚上那个打我的犯人被其他几个更凶的犯人拉到小黑屋，很远都能听到他挨打的叫唤声，而且关了禁闭，从此再也不能当牢头了。那个傻狱警在外面喝酒不给钱还亮出枪来，违反警察法被抓到了看守所，据说被牢头狱霸打得喊爷爷，判刑两年，没有一个人同情他。

一直到1994年，政治犯们都相继出狱了，剩下我一个关在"入监队"政治犯监室，无人可以放心聊天也无事可做，非常苦闷。我就恳求那几个同情我的狱警帮忙，让我到生产队里去干活，可以有人聊天。这时有个狱警就说你不认罪不会让你去其它地方，你认罪了我帮你，还能减刑。看到共产党一时半会儿倒不了，我觉得再坐三年多牢可能活不到出去了，于是就认了罪，才来到生产铁钉的八大队劳改。同时，那位说服我认罪的狱警也提了级，升为副大队长，来这个大

第7章 囚徒生涯（之三）

队监督我改造，同时给我准备减刑材料。

在八大队，我遇到了云南最有威望的回族领袖马伯灿。他的哥哥在1974年沙甸事件中被中共的榴弹炮炸死在村里。他说那是一场本来不该发生的大屠杀，当时沙甸回族其实紧跟毛主席的政治号召，仅仅因为还想保持宗教传统，就被云南省委一再欺骗中央，用正规军带着大炮包围轰炸，村民死伤无数，整个村庄被夷为平地。

马伯华死后，很多回族人敬佩他，也就敬佩他的弟弟马伯灿。这样马伯灿在回民当中的威望越来越高。1992年，中共想以抓毒贩为名再次动手打击对政府不满的平远街回民。这时候，远在外地的马伯灿甚至还不知道发生了什么，就被预防性抓了起来，接着被判刑入狱，跟我关在一处。

当时关在这个队的回族有四五十人。为了防止回族团结，马伯灿被一天二十四小时轮班看守。看守者都是汉族，不准马伯灿跟任何回族人讲话，吃饭也必须由汉族人去食堂拿给他，跟汉族人一起吃，再怎么恶心也必须看着汉族人吃猪肉。我是汉族，可以跟他说话。他跟我说，他不恨汉族人，但中共把不恨汉族人的好回族都赶尽杀绝，只因为他们更有威望。他说回族无恶不作的时候政府会放任，就是要汉族恨回族。而阻止回族作恶的反而成了中共的敌人，基本上都在监狱里。

在我出狱半年前，我被指定到老残组照顾七八个病残老犯人。这些人都不怎么老，但身患重病，大多是严重的传染病，有艾滋病、乙型肝炎、肺结核、梅毒等。整个小组在一个不怎么通风的房间里，空气中弥漫着令人作呕的腐败气味，每个人都近距离呼吸着彼此呼出来的臭气。大家都被关了很长时间，又都是将死之人，一辈子被虐待，对人没有任何善意，一切都不在乎，自己的碗筷根本不洗，我洗好摆好他们也乱拿。我每天都跟他们一起混用没有办法消毒的碗筷，一两个星期后，我非常确定自己也得了这些人的传染病，至少一种。但既来之则安之，我还是尽心照顾了这些人三个多月。后来到了加拿大做体检，我身体里有极强的乙肝和肺结核抗体，说明我经历过病毒袭击，但没有被病毒击倒。

出狱前三个多月的时候，云南省农业大学有个中草药养鸡项目实验，需要一个仔细观察认真记录的人，狱警们又想到了我。他们知道我只有三个多月就出狱了，不会逃跑，放心让我一个人住在看守不严的山上。其实这个实验根本没有办法严谨记录，两个月的时候鸡就长大了，狱警们纷纷找来，拿走的鸡都算病死的。队里的牢头们也一样来拿鸡吃。不过，他们有些人会给我钱，说你很快出狱了，用得着。当然，我自己和朋友也煮了几只吃，现在想想，我也算是个贪污犯了。

1996年9月，在低头认罪获减刑一年后，终于刑满出狱了。作为最底层农民，没有任何影响力的囚犯，我没有期待任何人会来监狱迎接我，何况狱方为了防止有人接，而故意让我走后门出去。但让我惊讶的是，走出监狱后大门，两个前狱友开着崭新的桑塔纳来接我，原来车是借来的，为的是让我有面子。还有狱友的美女老婆手捧大束鲜花，充满仪式感地献花给我。那一刻，我低落的心被深深地感动和鼓舞了。

第 8 章 天降爱情

叨扰了昆明的朋友们三个多月后,我才回到家乡。到家的第一件事,就是找我妈妈。这时候侄儿才告诉我说:"奶奶在你出狱前半年去世了,爷爷为了不让你难过,不允许任何人写信告诉你。"那一天,我放声大哭,哭了好几个小时。

回到老家,必须去派出所报到,以办理身份证及落户手续。所里的所长和民警,多数都是以前学习最差的同学。看到我这个尖子生混得惨,他们很得意,对我各种讥讽。他们慢吞吞办好我的手续,说我必须每个月找他们报到,报告我的行踪和思想。看到这些小人得志的同学,我心里特别厌恶,决定不管怎么样都不待在家乡,也不会去报到,就去昆明了。

这次去昆明,住到了狱友孟洋的家里。身为原云南省烟草总公司老总的儿子,孟洋现在住的简直是窝棚,狭窄的巷里,小小的四合院里住了十几户人家,公共厕所在巷子外,每天都有人排队。他和老婆孩子一张床,儿子都十岁了还挤在一起睡。他给我支了简易木板床,就这样让我住下了。

孟洋对我那真是掏心掏肺。看我孤单一人,穷光棍一个,他给我介绍了一个叫宝珠的离婚女人,非要叫我先谈谈看。这位宝珠有个六岁的儿子,和前夫一样都下了岗,每天无所事事,人长得还算不错,除了吃喝,热爱打麻将,缺钱了去陪人跳舞。说实在的,我自己条件太差,也不敢跟孟洋说我看不上人家,就应付着跟这个宝珠相处起来。

很快,我找到了一份销售印花塑料桌布的工作。凭我的憨厚相貌和真诚的谈吐,我居然在七八个人的销售团队里表现非常优异。一个月拿到了一千多的提成。有了这点收入,为了摆脱宝珠,我搬出了孟洋家,住到了另一个朋友家,有室内厕所还有热水浴缸。

在工作的地方,遇到了这个公司的会计小刘,她看上去年轻漂亮,人也十分干练。那天大家都在办公室休息,看到会计来,老板自然很亲切,招呼一帮人跟这个会计打麻将。我一方面牌技太差,另一方面心情不佳,在一旁看书,不掺和他们。

这时老板问会计有没有男朋友,她回答没有。老板说你看这四五个小伙子都是单身,要不你挑一个做男朋友吧。她真的不客气,也不假装羞涩,挨个看了几圈,最后指向了我这个明显不在其中的中年人。老板说你眼光不错,他叫石清,我也觉得他可靠。

因为业务关系,第二天我去多种经营的律师事务所谈业务,碰巧那里也是她当会计。律所主任知道我的过去,跟小刘开玩笑说,你不是想找个特别的男朋友吗,这家伙很特别,也许你会喜欢。她看着我,也笑了。

两天后她真的来到我的新住处找我。碰巧宝珠通过共同的朋友也找了过来,看到有年轻女子在,为了表现与我的亲密,宝珠非要在这里洗澡,还要用我的毛巾。我求小刘假装我女朋友,让宝珠死了心就好。小刘二话不说,马上就拉起了我的手,等宝珠洗完澡出来,很自然地看到了我和小刘亲密的样子。宝珠看此情景,相信我开始了新的恋爱,识趣地

第 8 章 天降爱情

走了。

宝珠一走，我立马把手抽了回来。我的条件，怎么可能配得上她？她给三四家公司做会计，每家公司都喜欢她，一个月收入是两千多，比起当时昆明普通工人月收入不到两百，那是地地道道的精英小白领。况且我已经三十二岁，她才二十三岁，怎么可能？她却又拉起了我的手，说她不是要帮我赶走宝珠，而是要真的跟我谈恋爱。

不能害人啊！我就告诉了她我的困境，我的过去，和与我谈恋爱的后果，可能害她丢了工作。她却铁了心，说她什么都不在乎。她说从来没有见过我这么诚实的人，一开始就告诉她自己的短处。她叫我相信她的眼光，相信她的感情，还叫我以后叫她阿琴，不然太生疏了。

很快，可能是警察介入了，虽然我的销售额是最高的，我还是丢了工作，不得不另外找工作，同时搬到更便宜的地方。找工作处处碰壁，钱也花光了，没有钱租房子，眼看无家可归。那时候，她每天下班就去找我，跟我一起逛公园，骑车郊游。我内心却充满了苦恼，因为我连一顿午餐都请不起。看到我的窘况，她没有抱怨我穷，反而掏钱给我租了一个好点的住处，给我买了锅碗瓢盆，电炉和肉蛋米面等等，两个人一起做饭，纸箱当桌子，吃得很快乐，走的时候还给我留下一些钱。

当时我弟弟也专程来昆明看我，他因为没有办法找到稳定的工作，就去摆地摊卖日用品。那时候城管就已经非常严了，不容许任何人在任何地方随意买卖。记得最清楚的是，我弟弟刚刚买了点东西摆在地上，和其他摆地摊的人还没有聊上几分钟，就听见有人喊："城管来了，快跑！"个个摆地摊的都撒丫子跑掉，如果被他们抓住，农村人就送收容站当免费劳工，下场令人不寒而栗。城管出来巡逻时都是气势汹汹，他们开着汽车，车上都坐满了彪形大汉，手拿电警棍，每到一处就掀翻地摊，有点价值的不管是吃的用的通通没收，理由是他们违反城市管理，影响市容等。摆地摊的为了逃命就在慌乱之间把东西通通抛弃了，有些东西随着风满天飞，真像是鬼子进村的感觉。唉，谁也不知道明天会怎么样呢。就这样我和弟弟住在一起，两人都身无分文，天天琢磨着想办法养活我们自己。还好有阿琴的帮忙，我们暂时有吃有住。我记得弟弟第一眼见到她就叫她嫂子，还让她大吃一惊。弟弟倒是为我开心，也佩服我找到这么好的女朋友，说现在爸爸不需要操心你的婚事了。我心里有数，还不知道我们能不能结婚呢。当时，昆明的朋友们都怀疑她是政府派来监视我们的，都很敌视她。我自己也怀疑，怎么会有天上掉馅饼的事，这么好的事怎么可能轮到我。跟她说我要逃亡，某种程度上也是为了看她会不会去汇报。但事实证明我和朋友们都错怪了她。

我们都喜欢骑自行车玩，记得有一次我们从早上九点就开始骑，没有计划也没有目的地，一直往前骑，累了就停下来休息，吃点东西又继续。我们一路有说有笑，非常开心，那天是我一生中最快乐的一天。我什么都没有想，只想跟阿琴骑车往前走，好像我们两个在赛车一样你追我赶，谁也不让谁。到太阳快下山的时候我们才发现骑了二十多里路，又急急往回骑。那时候真的很年轻，两个人都不觉得累，只认为时间老是跑得比我们快。

我们也喜欢逛公园，樱花盛开的时候，那真是谈恋爱的季节，可我一掏包里没有钱，连门票都买不起，真是羞愧难当。但是阿琴却不在意，到哪里她都主动掏钱买票吃饭。我们尽情地玩，欣赏那迷人的粉红色樱花。我们总是有说不完的话，猜不完的谜，我们都想要是时间就停留在这美丽的仙境该多好。其实每当我见到阿琴，我都把烦恼抛向九霄云外，我知道我没有办法改变现状改变自己的命运，只好走着看。当我看到阿琴那么快乐开心，我也很开心，每当她离开我的时候，我就觉得时间很漫长，巴不得明天一眨眼就到。虽然我们当时一无所有，但是我们在一起特别快乐，可能那时候上帝就把喜乐赐与我们了。

眼看情人节就要到了，我是既兴奋又害怕。因为这是我们俩的第一个情人节，我又想浪漫出去玩，但是囊中羞涩，不知道怎么办。我不想让阿琴扫兴，琢磨着怎样给她一个惊喜。于是我在情人节前一天就把玫瑰花买好，还精心包装起来。我准备了干粮，和她约好去爬山，到山顶上无人的地方，一起躺下来静静地聆听松涛。我们花了两个小时开开心心地爬上山顶，朝下一看，那真是人间仙境。一切都很美，没有任何吵杂，偶尔有几只鸟飞过，除了风吹着松树摇晃的声音以外，那世界就是我们的了。我们就尽情地拥抱和接吻，我们要让风嫉妒，让鸟儿羡慕，让青天做证我们的爱情。当我说："我爱你！我把玫瑰花献给你，虽然我买不起九百九十九朵玫瑰，但是我把我的心全部给你。从此以后以苍天为证，以松涛为凭，我会一生一世好好地爱你！"阿琴激动得热泪盈眠，她很惊讶。她说上帝把世上最好最浪漫的男人赐给我了，我以后要陪你走天涯。我们就躺在地上兴高采烈地谈文学，谈写作，让时光悄悄地溜走。我们想看看在山顶上看日落是什么样的仙境，就待在山顶上等到日落，那真是人间最美丽的风景画。

很丢人的是，第一次与阿琴发生关系，因为牢狱生活严重摧残了我的健康，尝试了两次都失败了。她不但没有嫌弃没有离开我，还温柔地安慰我，说一定会好起来的。相处半年后，我觉得自己不能辜负她，不能让她因为我丢工作，才真正下决心逃亡。我做不了任何承诺，还告诉她我很有可能死在缅甸，对我的爱可能不会有任何回报。她也觉得我在国内永远不会有正常生活，出去了反而有可能好好活下去，就算以后我们的感情没有结果她也愿意资助我。她拿出自己几年的存款又借了些钱，共凑了一万元全部给了我。

我说我留在中国永远不可能给你幸福，逃亡也许还有一线生机，但也可能这一辈子再也见不到你，你是否再考虑一下，值不值得为我付出这么多？她说我不用承诺，如果必须抛弃她才有活路，我以后娶别人她也不反对。（后来我确定能够来加拿大的时候，有个上海的富婆还有个福建的十八岁姑娘都主动求嫁，可我知道该娶谁。）

我要走的时候，她听别人说国外用美金，人民币不太好用，在我不知道的情况下，她冒险去黑市，高价给我换了三百美金让我带上。因为昆明到边境还很远，旅行必须以做生意为名，她给我买了行头，让我西装革履的看上去像那么回事。最后我是带着一万多人民币和三百美金上路的。

第 8 章 天降爱情

服刑的几年中,不断遇到缅甸来的或者是去缅甸的各种人关到我们的监狱。1991年听收音机得知有个民联缅甸支部领导人梁超天被抓,判刑二十年。1992年的时候,不出意外梁也关到了我们监狱,我们还成了好朋友。梁和其他熟悉缅甸的狱友都对缅甸的残酷有相同描述,如果逃亡过程中被老缅兵抓到,身上所有的钱都会被拿走,然后关到山洞里,每天就给你几根香蕉让你续命。你家里要多次寄钱,直到缅兵认定你家里确实没钱了才会放人。一般最少关两个月,多则一年都有可能。关押的地方蚊虫肆虐,不饿死也会得疟疾病死,一大半的人都不能活着出来。

梁超天知道中共对待政治犯的态度,说我释放后在中国不可能有活路,建议我离开中国。听到他把缅甸说的那么可怕,刚开始我对逃亡并没有那么热衷。但他还是秘密写了几个缅甸的联络人给我,说有他们帮助,我的逃亡会比别人容易一些。

但真到开始逃亡,他给我的联络人全都无效了。

第 9 章 偷渡缅甸

阿琴给我买了去西双版纳的机票，1997 年 5 月 6 日把我送上飞机，吻别后，我从昆明飞到了西双版纳。那是我人生第一次坐飞机。临行前我把所有的情书都整理好带在了身上，她还剪下来一缕头发，装在一个精美的信封里让我带着，说想她了就当那是她。

穿着阿琴给我买的西服皮鞋到达景洪后，为了像个做生意的样子，我想着最危险的地方最安全，住进了州公安处招待所。为了省钱，我住的是里面最便宜的三人间。这种地方其实住的多数是吃喝嫖赌之辈。有时他们硬要拉我一起出去嫖赌，我拒绝了，他们很不高兴。

景洪的天气实在太热，脱光了衣服也是汗流浃背，买了一个西瓜，连瓜瓤都是热突突的，什么饭也吃不下。只有读几遍阿琴的情书，抚摸着她留给我的秀发，我才稍微平静下来，到半夜慢慢睡着。

5 月 7 日，我七点就起床了，感冒严重，不停地流鼻涕，咳嗽，喉咙痛，买了一碗面条，却一点也吃不下。不管怎么样，行动要紧。招待所门口是汽车站，我到售票处问询，被推荐参加旅游团去缅甸一日游。我假装不想去缅甸，说只想在边境这边看看，还假模假式问不过境行不行。就这样我交了二百块钱，确定 8 号早晨出发去缅甸。

还要住一天，无奈只好换一个好一点的房间，所谓的贵宾楼，五十元一夜，也不算太贵。没事可干，还得像个出差的样子，就换上西装革履，拿出带来的清洗剂样品和假介绍信，到附近几个单位若有其事地假装推销。天太热，又不得不脱下西服，买一条短裤和T恤换上。

第二天八点钟，乘上了开往缅甸的旅游车。上车前我的假身份证被导游小姐收走了。

都说西双版纳如何美丽，但一路所见，一片破败景象，到处可见荒山秃岭。这是热点雨林地区，无法想象景象会是如此。中午十二点到达打洛开发区，导游要求游客进一个指定的珠宝店买首饰。我看中一只外观漂亮的戒指，据说上面镶的是猫眼翡翠。花了一百八十元买了下来，怕弄掉或挤坏，就带在了自己的小手指上。卖主告诉我这是18k泰国金戒指，保证真货，我想作为心意寄给阿琴。

一点多钟过关到小勐拉。我们的旅游车有导游给边防看了证件，看到其他单身过关的人似乎都检查很严。这是个由中国人开发的缅甸边城，说中国语言，用中国货币，电话号码都是云南的，各种商店和娱乐场所都说汉语。

旅游团要去看人妖表演，我说我会恶心，不想去看。导游表示理解，允许我单独在附近转悠。我利用这点时间，找到当地的一个浙江人和一个江苏人，打听了一些缅甸的情况。

三点多的时候旅游团开始往回走。我在打洛下车，郑重其事要求导游三天后来接我回景洪。下车前，我发现戒指表面全变白了，让同行的游客看，都说是假货。就跟导游说我得去退货，要不然回昆明我要把这事登报。导游害怕了，下车带我去退货。可卖主说只能换不能退，我说不退我就带回昆明登报，不怕损失这一百八。卖主于是同意退一百，我说少一分都不行，不退我就拿回昆明登报。导游不想我真的回昆明登报，就说服卖主退了全款。这么一折腾，导游完全相信我是个会回昆明的游客。

在监狱时梁超天告诉我，在打洛和小勐拉他都有认识的人。我根据他说的，找到了打洛的这个人，但人家说他早就不做这个生意了。过程中认识了一个叫阿明的福建生意人，看我人比较老实憨厚，但是穿着西装革履，又听我说起昆明有生意上的朋友，想跟我合伙往昆明贩玉石。我假意应付着，跟他一起开了个边境上比较好的房间住下。阿明很热心，我说跟团不好玩，还想再过去看看，他说可以去办手续，第二天带我通过关口过境。

阿明很混蛋，晚上竟给我叫来了卖淫女。那女人实在俗气，先用粗俗语言挑逗，见我无动于衷，竟走过来在下面乱摸。说真的一个人在外太孤独，我也有点把持不住，可想到阿琴在等着我，我还是及时地正襟危坐，赶走了这个女人。

我那些好的衣着全部是阿琴给我买的。其实花着她给我的一万多元钱，前途迷茫，我心里十分忐忑。

5月10日，阿明先过去小勐拉取了给我办的边境通行证，用的是边贸的名义，中午之前一起来到了小勐拉。阿明跟检查证件的人说了几句话，没有检查我的证件就让我过了。过去后我假装大款，跟他到处闲逛。我们先到了阿黄的铺子里，阿黄是阿明老乡。我要求阿黄给我选一只价格适中保证质量的手镯，准备请阿明带回昆明给阿琴。后来他真的到昆明送到了阿琴手里。

第9章 偷渡缅甸

晚上我们三个人到度假村酒店玩，我假装肚子疼，只唱了一首歌就到我的房间睡觉了。阿黄更混蛋，一连叫了几个妓女来陪我，其中一个还骂我是不是那东西被老婆锁住了。最后来了一个叫阿琳的，声明只管按摩，不陪睡觉，我才为不伤阿明和阿黄的面子，留下了阿琳。阿琳按摩水平不错，缓解了这一天感冒咳嗽和喉咙痛的痛苦。我告诉阿琳，我有老婆了，感情非常好，我永远不会辜负我老婆。她见我不碰那些女人，非常相信我，还叫我以后跟她做朋友，不忙的时候按摩不要钱。

5月11日，我骗阿明说还要考察一下当地边贸情况，让阿明先回国内。然后我马上退掉房间，换到事先看好的另一家比较隐蔽的名叫金凤凰的旅店。一方面托当地人打听梁超天认识的人，虽然不太抱希望，另一方面托人帮我去办到中部城市景栋的手续。

梁超天所认识的人找不到了。帮我去问手续的人回来说手续办不了，必须有当地人陪才行，有当地人陪还得保证回来，不回来当地人要被抓。如果多花钱可以请人带，最少要三千人民币，而这时候我只有三千多元，再加上不到万不得已不能动的三百美金。即使到了景栋还有三百公里才到泰国，也要花钱。

5月12日，星期天，继续打听去景栋的办法，毫无进展。不管如何困难，出来快一个星期了，怎么也得给阿琴及朋友们打个电话。报喜不报忧，说还算顺利，有困难我也可以克服。到5月13日，感冒加重，浑身无力，小便暗黄，在旅馆休息了一整天，只吃了一点饼干。

5月14日，找到一个来自泰缅边境大其力的阿虎。我略微透漏了一点我的过去，和想去美国的想法，他说他帮不了大忙，但可以给我指一条路，并求朋友送我过第一个关卡，还说小勐拉离中国太近，对我非常危险。看我身体虚弱，他硬拉我出来吃饭，强逼着我多吃。看我硬着头皮吃了一盘炒饭，他才放心离去，并约好明天中午两点半见面。

5月15日，病情略微好转。中午，阿虎来到，结账后接我到他那里住下。阿虎让我一天内保证烧香不断，诚心拜佛，这倒很合我意。这一天坐车吃饭跑路都是阿虎掏钱。为了提起我的精神，他还带我到一家与他相熟的歌舞厅，老板叫来两个漂亮的小姐陪我们，陪我的那位漂亮高雅。我们都唱了很多歌。我唱的是《把根留住》，表达自己中国人的情思，唱了《大约在冬季》，是在默默送给我的阿琴，还唱了《黄土高坡》、《北方的狼》等。一晚上我们大概喝了八瓶啤酒，还有两盘小吃，两个小姐作陪，都是阿虎掏钱，说是为我送行。要离开的时候，一个小姐要陪我过夜，我假装喝醉推辞掉了。为此，阿虎很佩服我，连那个小姐都说，欢乐场里这么长时间唯独见我一个洁身自好的。其实我也是心动的，只是一想到阿琴，就觉得不该放纵自己。

5月16日上午睡到九点钟，起床、沐浴、焚香，还拿出二十美金供奉菩萨。吃罢早饭，阿虎出去找车，到下午六点才找到一位愿意送我过第一道检查站的摩托车手。

幸运的是，第一道检查站前缅兵都不在。摩托车手告诉我，附近有中国人正在修公路，不管遇到什么人，说自己是修路的，可能会混过去。他送我过这个检查站一公里后，我

第9章 偷渡缅甸

们就分手了。这时候已经是八点五十，我开始沿着土公路往前走。刚走不远，碰到一个老缅兵，只见他端枪对着我，嘴里叽哩哇啦，于是我就用云南话答我是修公路的。他听我说云南话，相信了我，放我过去了。

月色很明亮，我加快脚步往前走，大约一个小时，身后传来汽车的声音，砰砰砰的，应该是军用吉普。我赶紧扑到路边草丛隐蔽起来，等车过去才走。前面不远处，一片明亮的灯光，老缅兵们守着工地，有一些云南人说话的声音，应该就是修路工人。我不愿与他们接触，就钻进路边树丛里往前走，身上被荆棘拉了好几条血口子，脚腕也崴痛了，但总算过了这第二关。

阿虎介绍说，这一路只有去景栋的路有电线杆，顺着电线杆走不会错。我不敢走在路上，只能看着电线杆的方向走路边的树林。约莫凌晨一点钟，月亮落下去了，山间一片漆黑。这时候，前面出现了一座没有完工的过江大桥，没有老缅兵，我悄悄走过去。前面山坳里，天太黑，看不到有没有电线杆。赶到山脚下的一个村寨，寨边还有兵营，亮着灯，我就着灯光看路边，没有那种公路边的电线杆。我就赶紧往后退，退到桥边另一个岔路口，视线没有月光也能适应了，看到了电线杆，才放心走下去。

不能走正路，只能沿着道路大体方向穿树林。树林里有各种野兽毒蛇，我没有备药，也没有装备，内心充满了恐惧。黑暗中我不由得开始祷告了：主耶稣啊，真主安拉啊，菩萨啊，你们可怜可怜我吧，保佑我吧，否则我死路一条了！胡乱祷告的时候，脑子里突然涌现出了基督教主祷文，那是差不多二十年前我在山东帮不识字的伯父母读的，突然间我能够一字不差完全背了出来：

> 我们在天上的父，愿人都尊你的名为圣。
> 愿你的国降临。愿你的旨意行在地上，如同行在天上。
> 我们日用的饮食，今日赐给我们。
> 免我们的债，如同我们免了人的债。
> 不叫我们遇见试探，救我们脱离凶恶。
> 因为国度、权柄、荣耀，全是你的，直到永远，阿们。

背着背着心里也就不那么害怕了。

山越来越高，路越来越不好走，腿脚越来越酸软，每走一步都要咬紧牙关。路上几次掉到悬崖下。摸黑爬起来继续走，走不动了也不敢停。脚板脚趾甲都火辣辣地疼。因为没有经验，我虽然准备了一些饼干，却没有带水。一路上渴得嗓子冒烟。走到五点钟的时候，到达了山顶，路边有一台推土机，上去一看，竟然有一个大塑料桶。我打开闻了一下，确定是水，也不管干不干净，一口气灌了一肚子水，喝到肚子胀才停下来。就着水吃了几块饼干，有了一点精神。神明真的保佑我了哈！

到五点半开始是下山路，走到六点多的时候，天亮了。看到一小股山泉水，我又猛喝一气，想休息一下再走，可全身酸痛，倒下去也是难受，更不愿意被人发现，在草丛里休息了半个钟头，又开始挪动沉重的步伐往前走。

第 9 章 偷渡缅甸

五月底的缅甸，天气非常炎热。在靠近小路的树林里穿梭，躲躲藏藏，浑身衣服脏得像从垃圾堆里爬出来的。我把脏衣服扔掉，在一个小河沟边洗了洗，换上一身干净的T恤短裤，忍着浑身的酸痛，继续一步一步往前挪。到了中午，四周热如火炉，却没有能够遮荫的树，这时候我体会到，落后国家总是与穷山恶水相伴，为了开荒，人们烧山，破坏了自然环境。

一直撑到下午，也没有走出多少路。正在我撑不下去的时候，看到一辆挂云南车牌的卡车在小路上慢慢地开。我豁出去了，上前要求搭车。没有问什么，司机竟然答应了，还给我介绍了前面几个检查站的情况要我注意，但要求我在下一个检查站前下车。离检查站不远，有一条河，河水很清。我下车后吃了饼干喝了一肚子河水，才有了一点力气。为避开检查站，我沿着河往上走了一公里多，转弯顺公路方向走。到离景栋十多公里的地方，有一个大的寨子，寨子里的人都懂云南话，找到一辆摩托车送我进景栋。

天黑之前顺利到达了景栋，多亏在小勐拉时阿虎塞给我的两包三五烟，用这样的高级香烟做交流工具，当地摩托车手们很喜爱。想起梁超天给的这里的联系人，路过一群人在用云南话聊天，我就试着问他们，结果都不知道那个地址和那个人。其中一个身材矮小长相猥琐的中年人很热情，说要帮我到泰国。我听信了他，随他回去，只见家徒四壁，他们自己吃饭，也不管我。白花了我两千缅币，什么事也没有办成。

他们一家吃饱喝足，这人就开始跟我谈帮我去泰国的事情。要求我先给他三千人民币，他帮我找车送。我断定这样家境的人不可能有这个能力，他找的人恐怕也是狮子大开口，给钱也可能帮不了。他跟我软硬兼施，说不给钱把我交给老缅兵，让我吃苦头。我知道自己落入虎口了，以前狱友们告诉我的老缅兵的残酷让我颤抖。

我假装镇定，告诉他我没有钱了，但是到了泰国可以让家人寄钱。磨了一整夜，看我实在没有钱了，他把我交给了一个缅甸军官。

面对缅甸军官的那一刻，我内心极为恐惧。又开始求耶稣求安拉求菩萨了。这缅甸军官看上去英俊潇洒，云南话说的很平和。我极力掩饰内心的恐惧，死马当活马医，要求他帮我去泰国。我先是骗他说我要去大其力讨债，因为有个大其力人骗了我十二万人民币跑回去了，我得去讨回来。他问我身上有多少钱，我告诉他我身上有老婆给我准备的二百八十美金，还有两千多人民币。这都是实话，我知道他要搜身我瞒不住。我说可以把这些钱都给他，帮我到泰国后，我可以要家人再寄钱给他。他说必须现在寄钱，再加五千人民币，否则把我关到死。我心如死灰。

也许是好奇，他都要出门离开了，又问我到底为什么非要去泰国。我把坐牢的判决书给他看。看到我的领导反革命集团罪，他一下子改变了态度，告诉我不要害怕，他一定帮我尽快离开这里。他还给我端来了一大碗饭，有肉有菜。他只要了那二百八十美金，把人民币都还给了我，说一路上用得着。

第二天天一亮，他就找来了司机，开一辆旧丰田车，同时送三个有来头的中国人。军官给了我一个废弃的身份证，

第 9 章 偷渡缅甸

拿给了司机，让我别说话。司机虽然语言不通，但非常友好。从景栋到大其力大概四个检查站，都是司机去应付，路上吃饭也有我一份。路况很差，大概二百七十五公里路程走了七八个小时。到了大其力，司机不要我的钱还给我定了个旅馆房间，告诉我自己想办法找人带我过境，然后他才走了。

　　事情出人意料，神明真的保佑了，只是不知道是耶稣还是安拉或者菩萨。到了大其力，疲劳消退了，病也好了。再看大其力，简直是缅甸的天堂，到处绿茵成片，看上去很是繁荣。

　　我像一只无头的苍蝇在旅馆和餐馆里到处打听谁能帮我过境，一无所获。身上的钱越来越少，令人绝望。再次求耶稣安拉菩萨保佑，似乎神明也不帮我了。

　　绝望之下，我鼓起勇气，直接走向了大其力和泰国美赛之间的边境桥。两面都有士兵把守，挨个检查证件。我大摇大摆往前走，缅兵一侧叫住了我。我不会泰文，也不会缅文，只跟他们说英语。他们不问证件，只要我交二千泰铢罚款就放行了。而到了泰国边警这里，我大摇大摆往前走，竟然没有人要看我证件！就这么容易我就进入了泰国！这难道不是神明的再一次保佑吗？

第 10 章 流亡泰国

泰国一侧是美赛,美丽如画,虽然城镇不大,但一切透着雅致。无处不风景,无处不宜人。我没有心情欣赏美景。经过缅兵这次罚款,我身上只有七百泰铢,再往前走会困难百倍。

我找到了美赛的光明善堂,遇到这里的一位夏老先生,据说他是原国民党的一个师长,已经七十八岁了。他看了我的判决书,了解了我的思想后,给我提供了一个也许帮得上的人物,云南联谊会会长任先生,家住十公里外的满堂村。这个人我听梁超天说过,于是决定去试试。

在夏老先生这里,我听到了一个令人震惊的故事:当年李弥率部攻打反叛的卢汉,眼看守不住时,卢汉下令每十户发一桶汽油,昆明城破之日火烧昆明玉石俱焚。昆明士绅和民众恳求省议会出面劝说李弥,为昆明数十万市民计,别再攻打昆明了。李弥竟然同意了,因这一念之差,老蒋丢了云南,卢汉用几十万市民生命做赌注保全了自己,李弥成了败军之将。

雇摩托车来到满堂村,任夫人开的门,问我什么事,我说要找任先生,还坚持见到任先生才能谈。她说国外夫妻一体,有什么事跟她谈一样。我透露了自己的历史,说了请求帮忙的打算。她不置可否,问我是谁说任先生能帮忙的,我就提了梁超天的名字,结果她立刻说任先生从来不认识什么梁超天，还说任先生外出了，在家也不可能帮我，我傻眼了。

在光明善堂我碰到一个扬州老乡，无奈之下告诉了他我的身世和我去美国的打算。他也是个偷渡客，很有兴趣跟我一起走，就是他帮我找到夏老先生的，但夏老先生告诫我，你这老乡太聪明了，你要小心。我也发现这老乡过于聪明，既想利用我搞合法身份，又怕我连累他。

当晚在光明善堂，有一个大床，有蚊帐，他自己睡，却让我睡地上任由蚊子咬，由此我看出这老兄不值得深交。

5月19日，没有希望在美赛找到可以帮忙的人，就决定赶路去清迈。老乡与我一起乘摩托车到巴士站，买了去勐方的车票，因为据说这一段不检查。但到离勐方还有几十公里的地方，就遇到了严格的检查。老乡有个可以过关的假证件，怕我连累坐的很远，我被警察拦了下来。

听不懂警察问话，我一直说英语，最后找来了翻译，才说的清楚。我说自己来泰国不是做非法劳工的，我是去清迈的美国领事馆联系重要事情，我是为民主而奋斗的人，你们有幸生活在民主的泰国，应该为我这个为民主而奔波的中国人提供方便。可能我的话起了一定作用，本来要罚我三千泰铢，后来只罚三百就放行了，还为我叫了一辆从大墩再去勐方的车。

中午在勐方碰到一位英国老人，我上前问候他，作了自我介绍，请他帮忙介绍怎么去清迈的美国领事馆。他听后非常热心，还帮我找来个泰国女翻译，领我一起去邮局查美国领事馆的电话号码。到了邮局费了很大力气才查到，但老人说碰到这种事，电话里那些人只会打官腔，一定要亲自去领事馆才可能有好结果。知道我钱不多了，老人给了我一百泰铢，送我到公交车上。我问老人姓名，他说："你不用知道我的名字，只知道我是个英国好人就好。"

老人一路陪着我，到了去清迈的汽车站，还是不放心，让那个女翻译用泰语给我写了一份介绍信，说在路上遇到检查也许能起作用。

泰国的公交车都很干净整洁，任何一辆都可以和国内的所谓豪华车媲美，发车也都准点。

车开出一个小时后，遇到一个检查站，我把介绍信拿给警察看，警察看完笑了笑，说了句我听不懂的话就放行了。接着又遇到一个检查站，警察看完神态自若，没有看我的证件也放行了。

我看到文化人模样的就用英语询问，买了一张到清迈的车票，想到那里的美国领事馆寻求帮助。一路倒也顺利，唯一一次路检，有人被带下去，一听我说的英语，就把我放过了。英语好用，这点梁超天没有骗我。

到清迈的时间已经是晚上六点了，美国领事馆早就下班了。我已经花完了所有的钱，吃饭都没有钱了，到哪里去住宿呢？在一家潮州人的餐馆里，我要了一碗米饭，告诉老板我没有钱了，要等到明天美国领事馆开门才可能获得帮助，问他能不能明天再付饭钱。结果这个潮州老板姓许，不仅给我添了饭菜完全免费，还把我送到一家旅馆付钱安排住宿。许老伯那么大年纪，为我跑前跑后，我非常感激，他说："出门在外，谁都会有困难的时候。你所做的事情我更应该帮助你。如果美国领事馆不帮你，你再来找我，我看看能不能帮

第 10 章 流亡泰国

你想办法。"

想到第二天见到美国外交官,也许能够得到帮助,心里满是期待,洗过澡幸福地睡了逃亡以来最好的一觉。醒来后豪情万分,写了一首打油诗:

千难万险浑不怕,
只身涉险走天涯。
山高水急疑无路,
伤脚走出万重峡。

这一路走来,泰国就像个大花园,几种我不认识的花挂满枝头娇艳欲滴。任何一个小地方,哪怕是小山村,都是一道道美丽的风景线。

第二天到美国领事馆的时候,人家还没有上班。在骄阳下等开门,排队到我,简单交谈后有个官员出来跟我详谈。我要求他帮我联系中国民联王炳章救我,被拒绝了。而我还不知道王炳章早就离开了民联。

美国外交官说根据他们的政策,我连身份证都没有,没有办法帮到我。他们给了我两千泰铢,让我自己想办法去曼谷的联合国难民署,说只有他们能够帮我。在美赛的时候就听说清迈到曼谷的路上检查特别严,要的买路钱也更多,即使我讲英语也很难过关。从美赛到清迈只要用英语说去美国领事馆就能过关,但是去曼谷这么说是不行的。

两千泰铢也不可能找到避开检查站送我的车,一路上要多次跟警察打交道,心想反正泰国也算民主阵营,不如在清迈直接找警察帮忙,我就胆大包天直接进了一个警察局寻求帮助。到了警察局,听到我还算清楚的英语,一开始警察们都毕恭毕敬。然而当他们知道我没有证件,是非法入境的中国人时,他们就变脸了。

我成了泰国的囚犯。经过审问和搜身,警察们知道了我大概的身份。

关我的牢房非常糟糕,蚂蚁横行,蚊虫肆虐,臭气熏天,最难受的是,这里没有人会说汉语,也没有人会说英语,第一个夜晚几乎没有睡觉。

第二天九点钟,被叫出去登记,警察告诉我要送我回中国。我说不可以,我是政治犯,回去死路一条。这时候我想到了阿琴。亲爱的阿琴,如果真要送我回中国,我可以一死了之,你怎么办?希望你不要等我,找个好人嫁了吧!我曾经拥有过你的爱,我知足了。如果在泰国死,阿琴会因为不知道事情究竟而苦苦等待,要死也得等送回中国,阿琴知道没有希望了我再死。

晚上六点钟,被送到专门遣送缅甸人的临时牢房,名字好像叫沙窝老盖。这里简直不是人呆的地方,想不到已经步入文明的泰国会有这样关人的地方。一个不到十五平方的房间,关进了三十多个人,通风很差,对面的房间里关着女人和婴儿,整个牢房弥漫着刺鼻的气味。大多数人没有睡觉的地方,只好人挤人坐着。这一夜,我睡在一堆拖鞋上面,别提多难受了。我睡着的时候,身边的很多臭脚就伸到我的嘴边。

睡不着,更会胡思乱想。对阿琴来说,如果我死了,不

第 10 章 流亡泰国

仅她花在我身上的钱，还有投入的真情，都打了水漂，让她失去这一切太不公平。我要活下去，等自由了，哪怕贩毒，或者当强盗，一定要弄到几万块钱还给她，并与她通一次话，叫她不要再等我了，让我一个人自生自灭吧。

煎熬了一晚，早上起来就拉肚子，整个人虚弱无力。此时此刻，带的东西都丢光卖光了，只有阿琴的照片、头发和情书舍不得丢，那是我撑下去的精神支柱。我对自己说一定要活着出去，弄到钱还阿琴还亲友，不能背着债就这么死掉。

5月25日是星期天，那夜不知道醒过多少次。太难熬了，虽是短短几天，却恍如过了一个世纪。关押室空气很差，也没有放风的机会。每天的早餐是很稀的鸡粥，喝下去跟喝水差别不大。26日，一个缅籍华人小胖发高烧，叫狱警来，看了一眼，给了几片GPO了事。27日，小胖病情加重，呕吐不止，也没有人管。里面多数人都很善良，都想给小胖提供一点力所能及的帮助，但事实上也都帮不上什么忙，只能眼睁睁看着他被疾病折磨。

小胖病重，他关在一起的表哥却很高兴，因为他可以吃小胖不吃的食物，在别人都愿意帮助小胖的时候他却无动于衷，这种冷漠令人心寒。

28日晚进来了旺宝、阿才、Zoo，还有三个女的是Zoo的妹妹和外甥女，及阿才的老婆，另外还进来一家四兄弟。Zoo英俊潇洒，懂英文。第二天与Zoo交谈，他毕业于仰光大学，但是缅甸没有什么施展才能的机会，只能开小车拉客赚点钱，难以糊口，就想来泰国寻找机会，就这样成了非法偷渡者。妻子和他一起来的，就是隔壁房间一位漂亮的女孩。

这里的房间中间只是铁栅栏，互相可以拉手交谈，看得出他们感情非常好。

越来越难以入睡，太难受，腰酸背痛，与世隔绝，一种进了阴曹地府的感觉。

其实出来前与朋友们还商量了其它计划，也都无法施行。在绝境中，我写诗自嘲：

> 只身闯泰境，
> 囹圄陷我身。
> 饥肠咕咕叫，
> 腹中还运筹。

31日终于请人帮忙打通了许老伯电话，却是他夫人接的，期待他夫人能够转告，说不定能救我出去，然而几天过去了没有任何回应。可能人家不敢帮我了。我写了一些诗句，抒发困窘之情：

> 一条负重的小木船
> 找不到停泊的港湾
> 随风漂游
> 无情的风浪中
> 品味艰难和无助

6月1日是星期天，又到了约定跟阿琴通话的日子，我却在囚禁在煎熬，心急如焚又万般无奈。看着Zoo夫妻隔着栅栏手拉手恩爱甜蜜，我羡慕极了，写下《爱的诠释》：

> 女人用爱
> 搓成一根坚实的缆绳
> 把男人泊定在
> 平稳的港湾
> 男人用爱
> 修成一栋温暖的房屋
> 把女人包裹在
> 风雨无妨的家园

绝大多数缅甸人都是与家人亲友一起出来闯，即使在这里他们也会互相关心，不像我孤家寡人，备受煎熬。

6月4日，是我最痛心的日子，我在囚笼之中什么也做不了，根据记忆的英文翻译了这首玻利维亚革命诗人的《民众的祈祷》：

> 我就是我
> 你就是你
> 你不可能是我
> 你怎么老是说
> 你就代表我！
> 上天做成你是你
> 上天做成我是我
> 你总不让我做我自己

难道你真的有上天的旨意？

不可能吧

那为什么不把你做成我

把我做成你？

你用上天的名义

你用我的名义

这一切不过是为了掩饰

掩饰你假天假我之名

粉饰你一切为自己的本意

我祈祷

上天惩罚你

让我自由地

做我自己

6月5日，牢中多数人被送走。

6月6日七点就醒了，但不敢起床，因为太饿，起来再等差不多两个小时才有稀饭吃。实在难以忍受，这十七天的监牢生活，好像就是泰国政府用来摧毁人们身体的，饿得连站起来走几步的力气都没有。这种情况下，即使放我们跑，可能也跑不远。晚上因为出去干活的人带回来一包玉米，我连芯子都吃了下去。

6月7日释放和送走一百二十多人，其中没有我。于是中午我开始绝食抗议。

6月8日晚上，已经五顿没有吃东西的我，却一点病象都没有，但狱警把我拉到医院打了一瓶营养针，身体马上就有了力气，白受了两天罪，第二天就恢复进食了。

　　饥寒起盗心，一点也不假。我这时候就很想偷别人的东西吃。人越来越瘦，骨头特别突出，睡在地板上咯得疼。6月10日狱警告诉我，17号我会被送到移民局，移民局会送我到美赛，即我进入泰国的地方，也就是遣送我回到缅甸。我求狱警帮忙，把我送去曼谷，狱警也说好好好。虽然希望不大，但期待奇迹发生。

　　由于在缅甸境内走了太多山路，好几个脚趾甲变得乌黑，到6月15日前后那些趾甲都脱落了。想起这个旅程，又写了一首诗：

> 如果这是命运
> 终日奔波
> 却没有收获
> 如果这是命运
> 一次次身陷囹圄
> 一次次绝望挣扎
> 总也看不到彼岸的结果
> 如果这是命运
> 我宁愿一个人承受
> 决不让心爱的人儿
> 来陪我葬送
> 青春和欢乐
>
> 总是一个人

孤独地走

总是一个人

孤独漂流

听说那遥远的地方

有一个桃花源

为了这个飘渺的追求

孤身一人

我独自漂流

近在咫尺的希望

刹那间又是乌有

前面路还长

孤身一人

我独自飘流

汗水合着脚下的血泡

别有一番苦涩在心头

千山万水都过了

希望还似白云悠悠

继续吧

孤身一人，我独自漂流

身体走累了

精神走疲了

渴望愈来愈近的路口

意中人儿陪我一起走

别让我总是

孤身一人，独自漂流

石清的奇异恩典之旅

写于清迈

还有另外一首:

那片云的诱惑

地平线上
有一片五彩的云
黄昏夕阳下
好似一群曼妙的少女
舞蹈炫丽的丝带
演绎如画的未来

冲出破旧的草棚
扑向西去的人群
山林里忍饥挨饿
雪山上顶风跋涉
走过了二万五千里
只为了那片云的诱惑

6月14日,进来的一个缅甸人英语很好,名字叫苏拉,是昂山素季的支持者,非常了解政治,要我自由后一定去找他。

在里面照顾过我的人,都是缅甸人,里面很多中国人,没有一个帮过我的。这里的犯人头叫埃温,语言不通,却时不时拿些水果、面包、炼乳等给我，让我甚为感动。

17日早上生病了，浑身疼，舌头上生了疮。九点钟被从Hangdong警察局送到移民局。下午五点其他人都被送走，只留下了我一个人。我心存幻想还是尝试联系美国领事馆，回答依然是自己去曼谷找联合国难民署。

押回来后监狱对我态度算不错。这里面对欧美日国籍的人特别优待，吃的都是有肉且新鲜的饭菜，我有幸跟这些人同等。里面其他的缅甸人、中国人和柬埔寨人等都非常羡慕。这期间还有个奇遇，邓丽君生前的法国男友斯蒂文·保罗跟我关在同一个监室，他脚腕有"我爱邓丽君"的纹身，会唱一些邓丽君的歌，但是不会讲中文。我和保罗享受特别优待，很多时候不用呆在固定的监室，可以在走廊里面转悠。

有个监室里的一个中国人发高烧，三天不吃饭也没有人管。我把手表卖了得了二百铢，一百铢用来打电话，一百铢给这个中国人买了退烧药和食品。我仅能做这么多，心里既同情又难受。

在这里也遇到了一个很好的中国人，名字叫段建安，他在里面借了别人的钱，出去后拿到钱马上回来还。我很信任他，托他带信给曼谷的联合国难民署，估计信是带到了，但没起到什么卵用。

移民局监狱对欧美日以外国家的人根本不当人，饭菜都有馊味，天天一样的南瓜或者酸菜汤，没有什么油水。对女囚犯更是残酷，除了人太多拥挤之外，女人们上厕所或洗澡的地方都是能让看守或者犯人头看到的。每天晚上犯人头都可以把看上的女方叫出来，到一个黑夹道里办事，给一两个

第10章 流亡泰国

鸡腿就可以了，没有看到女人们拒绝过。

里面有一个女基督徒让我印象深刻。犯人头看上了一个十岁左右的小女孩，一再试图让这个小女孩晚上出来。小女孩哭个不停，她的母亲只能安慰，却无可奈何。语言不通，也没有办法叫警察。于是这个基督徒女人自告奋勇主动出来陪犯人头，条件是别碰那女孩。因为长相漂亮，犯人头答应了，事后她们都哭着做祷告。

史蒂文不知道在泰国生活了多久，泰语流利。看着这些事情，劝我不要对泰国政府抱有幻想，说这些官员警察和犯人头都没有人性。

6月30日，一个狱警告诉我，我将被送去曼谷，然后到台湾，现在正在办理手续。我简直不敢相信天上掉那么大个馅饼，高兴的跳了起来。

然而突然中国领事馆官员来找我谈话了，他们是三个人，告诉我会帮我回中国，下次要来给我发个护照合法地来。还说我既然服完了刑期，回去不会受到追究。我知道他们说的都是鬼话。这么快就知道我在哪里说明他们不会放过我。原来狱警说的不准确，是要送我回中国，而不是台湾。如今插翅难飞，一下子从天堂掉到地狱。

有几天我是和一个日本人关在一起的，一般因为我们算上等犯人，不会让我们住得拥挤，但突然太多人进来，连我们的号房空间也紧张起来。我和日本人先来，占据有利位置，其他人就睡得很难受了。

我发现，泰国有个方面非常值得中国学习，那就是对本国犯人要好很多，不会像中国那样优待外宾虐待自己人。

那时候，在泰国传道的加拿大人柏瑞牧师和凯瑟琳女士每个星期都会到这个监狱探望关押的欧美人。碰巧那天他们看到了这几个中国外交官跟我谈话，因为经常帮助关押的中国人带信给中国领事馆，所以认识这些中国外交官。好奇之下他们问看守为什么会有中国外交官看我，看守说我是天安门大学生。

我只是声援过天安门大学生，跟昆明的大学生们有点联系，恰巧在天安门运动期间我是反革命集团"中国民主共产党"的组织者，按《云南日报》对我被捕的报道，我只是个初中文化的无业游民，并不是什么大学生，更不是天安门大学生。无奈那时候泰国人只知道这一件民运事件，就误认为我是天安门学生了。

等中国外交官离开，柏瑞牧师就把我叫过去，问我为什么在这个监狱里。我告诉他自己在中国因为参与民主运动而坐牢，释放后活不下去才逃亡出来。并告诉了他中国外交官说要帮我回去，而且承诺回中国不会再迫害我。柏瑞牧师说千万别相信他们，我从来没有看到他们来帮助任何中国人，你回到中国一定还要坐牢。

牧师告诉我，主耶稣是全能的神，信他的话，他会救你。他隔着栅栏，拉着我的手，就在那里为我祷告：全能慈悲的神啊，我们天上的父，我们这位弟兄已经受过很多的苦，求你的大手遮住黑暗，将他救出去。我不知道耶稣能不能救我，但当他拉着我的手祷告的时候，我的眼泪就止不住了。

第二天，牧师又来看我，带来了两袋面包，并告诉我不能跟别人分享这些面包。临走前他又一次拉着我的手为我祷告。回到监舍，在厕所里没有人的地方我打开了面包，里面有五千泰铢。

　　这个监狱里都是外国非法入境和非法居留的人，没有真正的罪犯。一般来说，如果给看守两千泰铢，看守会允许这个人去扫大街，也就是你自己看着办，逃跑就好了，政府也不在乎。我找机会通过斯蒂文跟看守说话，愿意给看守两千泰铢，求他让我也去扫大街。回答是：不可能！两国已议定，很快送我回中国。他还说两国已经做好安排，我是重要人物，要严密看守，就是给他一百万他也不敢放我走。放走我不仅丢工作，还要有更严重的惩罚，有可能会坐牢。刚刚才有的一点对耶稣基督的信心一下子又消失得无影无踪。我祷告了好多次的这位神看来也救不了我。

　　第二个星期柏瑞牧师来看其他人，见到我还在，就又把我叫过去，问我为什么还在，难道不知道怎么做？我告诉他看守的回答，他很吃惊事情发展得如此之快，但他要我不要泄气，继续祷告，神是全能的，人做不到的神可以做到。他又一次拉着我的手祷告。一个星期后他还带来一位美国来的焦姓华人牧师一起为我祷告。

　　离遣返的日子越来越近了，看守说飞机票已经订好了，神也救不了我了。看守我的有三到四人，上午一直都是相同的一个人。离遣返还有三天的时候，正常看守我的那位生病，临时调来一个新看守。我不抱任何希望地提出给他两千泰铢，要他允许我去扫街。他接受了，我走出了移民监狱！

　　一到大街上我丢掉扫把，立刻跑出监狱附近范围，找到了一个公用电话告诉牧师我出来了，神听到你的祷告了！牧师立刻开了一辆豪华的 SUV 接上我，直奔火车站，给我买了去曼谷的头等卧铺。因为他知道泰国警察腐败，崇拜权力，不检查豪车，不检查头等旅客。

　　就这样我到达了曼谷，比我自己花钱去安全顺利多了！

第 10 章 流亡泰国

第 11 章 蒙恩归主

美国领事馆官员说联合国难民署可以帮我,到曼谷后我赶紧找到难民署,登记后问他们怎么能够帮我,被告知在认定难民资格以前不会有任何帮助。好在他们给我一个耶稣会难民服务机构的地址,说认定之前这个机构可以给我一点帮助。

我赶到耶稣会难民服务机构后,经过交谈,那里的经理、律师、办事员等都认为我完全符合难民资格,被联合国认证不会有问题。于是不仅给了我两千泰铢的临时援助,还即时聘请我做他们的中英文翻译,翻译每小时两百泰铢,一下子解决了我的生存问题。

到了这时候,虽然我对耶稣基督还完全不了解,但已经不得不相信他了,因为这一路上的奇迹,一件两件是凑巧,那么多件,不可能一直凑巧。于是我说我现在相信耶稣,希望能去教会。

此时此刻,我一点也不知道基督教和天主教有什么区别。当被带到美国大使馆后巷天主教的 Holy Redeemer Church 的时候,我以为那就是基督教堂。

当时虽然我英语能够交流,但我甚至于不知道"受洗"用英语怎么讲,不过当我跟一个正在祷告的老太太说"I want to be washed"时,她一下子就明白我是想受洗,还跟我说那个英文词应该是 baptize, not wash,并立刻把我带到她最了解的主教 Bishop Duhart 那里。

主教八十多岁了，患有老年痴呆症，眼睛也完全失明，跟随他十几年的秘书每个星期都来看他，他居然都不认识了，每次都问："你是谁啊？"

初次见面，我们聊了不一会儿，主教就决定要亲自给我授课，学习教规和圣经。他讲起教规和圣经的时候，一点也不像有老年痴呆症，祷告的时候非常清晰易懂。第二次去见面听课的时候，他老远就叫我的名字。

除了学习教规，我并没有其它事情可做。一天在龙披尼公园里坐在水泥凳子上看英语教规书，听到有人用英语搭讪，我由此认识了一位华人基督徒 Rewat，是一个泰国教会的执事。他非常理解我的困境，帮我在他家附近租了一个非常便宜的房间，一千二百泰铢一个月。我那时身上有三千多泰铢，只要有地方住就可以慢慢想办法了。

一天在学习完教规后，遇到一位在教堂外的凳子上睡觉的年轻人。我跟他打招呼，得知他是柬埔寨过来的中国难民，让我称呼他小 L。因为不满联合国难民署在柬埔寨的安排，他来泰国重新申请，希望联合国难民署更快安置，但泰国的联合国难民署已经拒绝了他。

小 L 说他身上只有五千多泰铢，没有住处。我就想如果他能跟我住一起，分担我一点房租，我会轻松点。他说好，于是我们就住到了一起。

一起住了快一个星期，他不仅不提房租，我们一起出去吃饭，他也从来不付钱。我跟他提，他就说钱没有带在身上。

过了一个多星期，一天回到租住处，门锁被毁坏，里面

第 11 章 蒙恩归主

被翻得乱七八糟，可能因为没有钱，把贼气坏了，门和墙壁都被损坏。于是房东坚决不让我们住了。

这时候，我学习教规的天主教会向我们伸出援助之手，经常来教会的曼谷英语电台主持人马缇娜邀请我带小L住她们家的郊区别墅，免费吃住，可以住到我自己能够找到生存之道再搬走。

我们搬进了马缇娜家的大别墅，那是我人生第一次知道家可以那么漂亮，那么宽敞舒适。住在这么好的地方，感叹上帝的恩典，学习教规更有精神了，每天坐车去教堂学习。小L自己告诉我他已经在柬埔寨受洗了，但非要跟我一起学习，要跟我一起再次受洗。

住进去三天后，马缇娜夫妻要去马来西亚度假，嘱咐我和小L给她看好家，保持干净。

马缇娜离开后，小L每天打国际长途到柬埔寨一个早就分手了的女朋友那里，每天至少打一个小时。那时候的国际长途电话费非常贵，两天后我告诉小L不能这样，不可以主人不在家就拼命打长途。他完全不在乎，说事先马缇娜同意我们打长途了。他说的不完全错，搬进来的时候马缇娜确实告诉我们可以给中国家人打个电话报平安，但显然不是任由他这么天天打那么多无聊没有意义的电话。更离谱的是，一天晚上他叫我跟他一起去马缇娜主卧室看录像，放人家隐藏的成人录像带。

我特别生气，要求他立即停止，并希望跟他一起马上搬走，不能再住在人家这里。他根本不听，非要一直住着。这样我也不能马上离开，怎么说也得尽力看护人家的房子。但我私下联系了 Rewat，跟他说了目前的情况，麻烦他再给我找个地方。他也觉得马缇娜回家后我必须离开，以后应该不要跟小 L 住一起。

马缇娜两口子回家后，我感谢了他们，只跟他们说了打国际长途电话的事情，没有说在他们房间看录像，表示坚决要搬走，不再跟小 L 住一起了。于是我住到了 Rewat 他们教会的一个房间里。

转眼到曼谷一个多月了，经过在联合国难民署的面谈，出乎所有人的意料，我被告知回中国不会受到迫害，因此我不符合难民资格！

得知我被联合国难民署拒绝，耶稣会难民服务组织 JRS 的负责人们非常气愤。他们都是专业人士精通难民法规，认为我的背景、遭遇、以及在清迈移民局监狱被三名中国外交官见面，都表示我回去会受到更严厉的迫害，我应该毫无疑问是个符合资格的难民。拿到拒绝信的第一天，JRS 经理桑尼亚、律师迈克尔、助理约翰就共同协作，查资料，找证据，以最快速度为我展开上诉行动。

这一查，JRS 官员们都非常吃惊。1991 年，根据"人权观察"的记录，美国国务院已经向中国提出对我的关切，年底贝克国务卿访问中国时已经把我的名字包括进要求释放的名单。虽然中共应付说不了解我的情况，但当时美国国会代表团却去了我被关押的云南省第二监狱参观。1996 年，云南省内部警情通报还把 1989 年成功抓捕我的案件作为大案要案请功。同时国际记者保护协会、大赦国际、美国对话基金会等都有我的记载，所有这一切，都让联合国拒绝我的理由

第 11 章 蒙恩归主

站不住脚。

如果不是这次拒绝，我自己永远也不会知道这些情况，不会知道我这个中国最底层的一粒尘土还会受到外界那么多的关注。

律师迈克尔很快就写好上诉，整理好材料，为了案件审理不拖时间，他还专门给难民署相熟的官员打电话说明情况。约定第二天去递交材料，第三天就去再次面谈。

第一次面谈的是一个亚洲官员，态度很差，旁边的翻译也是一副很不高兴的嘴脸。而这第二次，面谈的是个丹麦官员，不要翻译，直接谈话不到一个小时，就当场认定我符合难民资格。更让我感动的是，为了不被翻译蒙蔽，这位官员当即沟通有关程序官员，聘请我做联合国难民署中英文翻译。如果不是第一次被拒绝，我想我也不会有现在这个工作机会。

我在中国高中二年级只上了不到三个月，就因为思想不同于政府要求，还帮被冤枉的村民写上诉和申诉，被污蔑搞多角恋爱，于是被迫辍学。我的英语也好，其它科目也好，都是我四处流浪的时候自学的，没有任何资格证书，居然当上了联合国机构的翻译，我自己都没有想到。

被联合国第一次拒绝的时候，正是我要搬离马缇娜的别墅，去到 Rewat 所在教会居住。当时，因为失去了联合国脆弱的保护，我非常担心，担心没有联合国援助生活困难，担心没有联合国证明教会不让我入住，担心教会也认为我不符合难民资格而另眼相看，担心曼谷经常发生的警察拦路再把我抓到移民局监狱……

这一切担心都没有发生。知道我被拒绝后，杜哈主教一如既往教我教规和教义，教会的好几个神父经常加入为我祷告。即使我没有身份，教会的好几个小组都依然热情欢迎我参加活动。当时我还参加了天主教全球性组织在泰国的"普世博爱运动"，三天的活动在非常优美的一个大农场举行，每人要交几千泰铢的费用，而我完全免费，也可能其他人帮我交了我还不知道。JRS还给我更多的生活援助，给我更多的翻译工作，让我能多赚一点钱度过难关。允许我居住的基督教会并没有因为我不受联合国保护而拒绝我。那段时间，有位在泰国当语言老师的法国女人玛丽亚一有空就邀请我坐她的车外出兜风，带我游览了曼谷附近所有她认为值得看的地方。因为小L也搬走了，看我没有证件租房子，马缇娜还再次请我吃饭，问我愿不愿意再回她家住。我不想小L找到我住的地方，就婉拒了。

　　那几天确实两次遇到了警察在大街拦检抓难民，但我跟他们用英语沟通后都是有惊无险。其中一次听完我的经历，那位英语很好的警察还给我敬礼，并要求同行警察以后不要找我麻烦。

　　成为受联合国保护的难民，又有了给联合国难民署当翻译的名头，我的工作机会多了起来。我同时又得到了联合国难民署合作机构"难民服务处"的翻译工作，另外，一家尼泊尔人做的《亚洲工业设备》杂志聘我当翻译，还有在泰国做中文航空杂志的老板也给我画了很漂亮的大饼，但我毫不犹豫就拒绝了这家航空杂志。这时候我的收入也多了起来，不仅有这些翻译工作，还有一个泰国老板请我给他的孩子辅导中英文和数理化，一个台湾老板也请我给他辅导孩子所有

第 11 章 蒙恩归主

高中课程，都是每小时300泰铢。

这时候，我认定这些都是上帝的恩典，对上帝更加有信心，不仅经常参加各种教会的福音课程，每天祷告，还尽可能参加教会的活动，受洗成为基督徒后还坚持参加一个叫AIC的慈善组织活动。这个组织总部在比利时，全名是Association International des Charities。也就是在这个组织里，我学到了什么是基督的爱。

因为自己在移民局监狱的时候没有其他中国人帮过我，我非常希望自己有这个能力为里面的中国人补上这个缺憾。我跟AIC的同事们说了这个想法，她们都很支持。于是，利用自己联合国难民署翻译的身份，可以经常进入监狱从事翻译工作的便利，我买了一些面包、白糖，再从AIC收到的捐赠衣物里找到一些还比较新的可以用的东西，送到监狱发给里面的中国人。

我第二次去发东西的时候才知道，第一次发的东西很多都被一个来自中国的女牢头狱霸全部拿走占为己有。于是第二次去的时候，我亲眼看着每个人将分发的东西都拿到手后我才走，并警告牢头狱霸如果再有下次我有办法让她后悔，从这以后就再也没有发生类似的事情了。

我把自己给中国人送温暖的事情跟AIC负责人Desiree说了，期待着她的表扬，她却只是平淡地说你做得很好，但还不是真正基督徒的做法，基督徒的爱应该不分国界。

Disiree是香港人，嫁到了泰国，以前是联合国粮食署的高级职员。她退休金一个月接近三千美金，但她差不多有十年没有买过新衣服，大部分退休金都帮助了别人。我内心特别希望得到她的认可。

后来我去移民局监狱探监时，带的东西更多，不光中国人，其他国家的人只要他们说是基督徒，我都会分发物资帮助他们。当我兴冲冲地告诉Desiree，我不仅帮助中国的，还帮助了其他国家的基督徒时，还是没有得到Desiree的认可。她只是平淡地说你做得很好，但还不是真正基督徒的做法，基督徒帮助他人不分信仰。后来再去探监，我都是尽可能不分国籍和信仰，能帮多少是多少，当然中国人最少有帮助，我自然以帮助中国人为主。

那时候，我给当时在泰国最大的台湾中文报纸《世界日报》投稿，每个月至少一篇发表。跟报社混熟了，我请求报社每天给移民局监狱免费送三份报纸，并安排国际移民组织的住监医生Gacia接收，每天由她分发报纸给被关押者阅读。后来我还带《北京之春》的经理薛伟去探监，也与他达成协议每期杂志寄两份到Gaicia医生这里。

当时我很有灵感。我比较喜欢写诗歌。

那时候《世界日报》发表诗歌是按行数付稿酬的，我给他们发表的尽可能多分行，如今想来自私贪婪了。

　　午睡偶得

　　梦里菊一束夜来香
　　醒来却是满室苍凉
　　浮云如画
　　并不用我的彩笔

亦是一样的灿烂
一样的辉煌
我是谁？
我在哪里？
上帝说————
你是我的孩子
你在我准你在的地方

　　　　赠大理友人

一颗丹心
挂在苍山上
示众
从那跳动的频率
我读出了————
洱海洗涤过的
真情！

来自青藏高原的
洁净灵魂
顺流而下
入九曲黄河
便
再也洗不清

不愿在浊水中
继续瀿滢
就逃不过
那岸边礁石的撞碰
上帝用艰辛
测试
真诚

第 12 章 终成眷属

稳定下来以后，我开始考虑如何把还在中国的女朋友阿琴办到泰国来与我团聚。

安全到达曼谷后，JRS 和 Martina 家都给了我电话联系女朋友的便利，特别是她们得知女朋友在那样的条件下爱上我，不顾一切帮助了我，都觉得我女朋友是世界上最难得的好女孩，所以都对我跟她通电话不做任何限制。我当然很识趣，不会滥用别人的好心，电话都是长话短说。

大概是 1998 年初，中国出了个政策，二十五岁以下单身女孩不能办护照单独出国，除非有家人陪伴，这个政策让我和女朋友都非常绝望。

主教、神父和教会的弟兄姐妹都为我和女朋友的团聚祷告，她们都认为这一路以来上帝已经给了我那么多恩典，肯定也会实现这次团聚。

就在我完全不抱希望的时候，阿琴电话里告诉我她已经办好了手续，要来泰国旅游了。

关于她如何离开中国，其实还有很多神奇的事情，但因为相关的朋友至今还在中国生活，不便透露，只能略过。

我马上联系联合国难民署，官员们早就听过我们的感情故事，告诉我不用管导游手上的护照，只要把人带到难民署，就没有问题。

在机场看到阿琴在旅游团最后面出来，我朝她使了个眼色,慢慢走向门口。果然她十分机灵,心领神会,趁导游在招呼其他游客时,跟上了我,连行李都没要就跟着我走出了机场。

一出门,我们迅速跑向我事先叫好的出租车,顺顺利利来到了联合国难民署。联合国难民署依照程序,隔离开我们,单独询问了她。历时不到半个小时,机构完全相信了我们的感情,认可了我们的夫妻身份,给我们发了难民夫妻的证明。

主教和神父们跟我妻子简短交谈后,立刻就认为她有慧根,有呼召,不到一个月,给我们在教堂举行了婚礼。据他们说,她是第一个在一天内得到四个最大恩典的人,这四个恩典在天主教里都是最重要的部分,分别是洗礼、坚振、圣餐、婚姻。

然而婚礼之前发生了一件特别的事。她一到泰国,JRS就让她打电话给家里报平安,她告诉了家里 JRS 的电话号码和传真号码作为联系方式。几天后,我们突然收到了一份传真,密密麻麻的一页纸,情真意切,说我老婆是一个三岁女儿的妈妈,说女儿不吃饭不睡觉哭着要妈妈。我都流泪相信了,跟她说这太残酷了,你还是回中国照顾小孩子吧。她非常生气,说怎么可能,你怎么不相信我,这是谁发的传真都不知道,就是想挑拨我们的关系。

我仔细想了想,确实不太可能,在昆明那么长时间,我也见过她的很多亲友,从来没有谁说过她有孩子,有男人。

我们没有理会这些伎俩,很快正式举行了隆重的婚礼。婚礼场地、招待准备及蜜月酒店,都是教会准备的,我没有出一分钱,还收到了不少贺礼。我们统计了一下,婚礼现场

第 12 章 终成眷属

宾客来自十九个国家。

我们去度密月时,因为很开心,就在帕提亚海边租了水上摩托车,疯狂地在大海上驰骋,一直开到一个小岛边上。我们也不知道时间,就往回赶,太阳刚刚下山,就开始涨潮了。我们也不了解驾驶技巧,风涛一浪卷着一浪,气势汹汹,非常让人害怕。正担忧的时候,一个巨浪扑来,把我们俩掀翻了,摩托车被风吹走了。阿琴死死地抱住我,我鼓励她别害怕,我们不会有事的,我会游泳。这下就跟风浪拼命搏斗了,在风浪中,什么也抓不到,跟铁达尼号的境况一模一样。其实我在想要是我们体力耗尽了,又没有搜救人员来救我们的话,就这样去见上帝也不错。反正我们两个在一起,很恩爱也很浪漫,我觉得非常好。我使劲地游,眼看就要抓住摩托车,又来一个巨浪,把车打得更远。这样反复好多次,估计十分钟吧,我们的体力越来越弱,我也几乎游不动了,我们就一起祷告,在天上的父啊,如果你愿意我们活下来,就请你把摩托车吹过来。如果你让我们现在就去见你的话,我们也不会抱怨记恨你。愿您的旨意行在我们身上。阿门!渐渐地,风小了,而且风也把摩托车吹到离我们不远的地方。我们一看到车靠近了,就精神大增,浑身是劲。当我把车抓住了,但是钥匙找不到了。正当我到处摸钥匙的时候,又一个大浪打过来,把我们和车一起淹没在海水中,经过几番周折才慢慢地漂上水面。但是我们一直在努力拼搏,希望在最快的时间找到钥匙。我顺着车身摸,慢慢地就找到了,原来就在我自己手腕上。天黑了,凉起来了,我们开始发抖。我抓住钥匙,风浪中没有办法即时发动摩托车,又担心车里的油不够,我们也没有办法骑回去。真是焦头烂额，那就任命了，死就死了吧。又折腾了好几分钟，风渐渐地小了，庆幸的是把钥匙插上去很容易就发动了摩托车，于是拼命驾驶。当我们快回到岸边的时候，看见搜救船只和人员已经准备出发来找我们了。我们告诉他们发生了什么事情，他们都说平安回来就好，回酒店好好休息。真感谢上帝把我们从大风大浪中带回家。这就应了上帝的话，当你经过深水时，水不会淹没你。当你经过火焰时，火也不会烧你。

　　结婚后，她打电话回家给妈妈报喜，妈妈却颤抖着说刚刚被警察谈话，说我们两个在泰国靠贩毒生活，说我们生活困难，阿琴有可能会去卖淫等。

　　我一听心里非常害怕。泰国警察那么腐败，如果哪天他们拦下我们，栽赃我们贩毒我们有理也说不清。于是，第二天我就给联合国、JRS、英文《曼谷邮报》、《国家报》、中文《世界日报》等报社发传真，告诉他们中国政府计划栽赃我们，如果哪天真的发生警察在我们包里查到毒品，希望他们知道发生了什么。这么大张旗鼓一吆喝，栽赃我们贩毒之类的事就没有发生了。同时我们也通知了加拿大大使馆，诉说了这件事的经过。他们也认为我们在泰国时间太久了会有危险，同意加快安置我们到加拿大的进度，坏事变成了好事。

　　阿琴在泰国没有多少事情可做，基本上就是在教会做义工，学圣经，参加祷告会和教会其它活动。看我给《世界日报》投稿，尤其是我的《爸爸不爱吃肉》《风水轮流转》等当时吸引很多读者，同时也在其它报纸杂志和网上转载，她也想试试看。她本来也爱好写作，结果每一两个月就会发表一篇，有散文，有诗歌。因为我姓石，她姓刘，就取了笔名"石榴"，代表作有《妈妈的读书梦》《温暖在泰国》《故乡端午节》《在雨中等待》《饺子》《家乡的河》等。她很兴奋，第一篇文章发表了，她立即就把所有的稿费捐给了慈善机构。她认为那是上帝的荣耀应该归于上帝，是上帝在带领我们前行。每发表一篇，她都去买几份报纸，剪下来寄到妈妈那里，亲友们终于放心我们没有生活困难，能够安定生活了。

之前同住的小L也在教会学习教义和再次受洗，他看到我参加AIC活动也跟着参加，我去移民局监狱探监他也跟着去，于是在我婚礼和蜜月那几天，我把去移民局探监的事情交给了他和另一位我见过几面的女性民运人士。两个星期后我要再次去探监，小L说有事不去了，我倒是乐得如此。结果，监狱对我非常生气，不准我带东西，也不准我进去探望。我赶紧打电话给在里面行医的Garcia，才知道前一个星期小L他们在里面收很多钱，给犯人买东西赚外快，一趟又一趟，不听狱警劝阻，差点被警察关起来。经过Garcia沟通我才被恢复了探监的便利，但以后不能带太多东西。

因为我在曼谷有了越来越广泛的社会联系，有些民运名人也开始主动联系我。我比较认可王炳章、王希哲、傅申奇等人，因跟这几位走得近得罪了不少人。

那一年印尼排华，我当即组织了示威游行，要求印尼认清华人不等于共产党，不要利用中共的恶而嫁祸华人。当时所有曼谷中文报纸都报道了我们的行动，照片甚至刊登到《北京之春》。

我还主办了一个小刊物，名称《民声通讯》，其中一篇广东农村社会调查被香港的《前哨》杂志转载，一些简讯被《北京之春》转载。也是因为我的蜜月，把杂志交给了那位女性民运人士，她一意孤行，所有栏目和内容都错误修改，使人心彻底离散，杂志也就彻底作废了。

随着 1998 年王希哲闯关中国被转送泰国，一路由我接待和洽谈媒体采访，还有不久前黄雀行动的六哥来找我，我住的教会受到了极大的压力，区里的警察明确要求教会赶我走，没有办法，我只好搬家。

才搬家一个多月，王炳章带着女朋友到泰国与国内朋友见面，一路也由我安排。我对王炳章非常敬佩，给他安排的三星级酒店并不贵，但他坚持住小旅馆。我要请他到好点的饭店吃饭，他也不同意，坚持掏钱买了些螃蟹，到我住处一起煮螃蟹吃，顺便聊民运工作。哪知我妻子和炳章的女朋友都不会煮，煮了两个多小时还没有熟，两个女人吃的多点都食物中毒，好在不重，拉了几次肚子就好了。

离奇的是，当天夜间，我和老婆睡在床上，门被别人打开，房间里连身下和枕头下都被翻了个遍。动静那么大，我们两个平常睡觉并不死的人居然一点都不知道，明显是被下了迷药。除了现金和信件，其它值钱的东西都没有拿走。第二天报案，警察说没有办法破案，为了我们安全，要求我们另找地方。

教会里听到我们住处被深夜闯入，非常担忧，要给我们找安全的地方。当天，某位普世博爱运动成员，匿名向我们提供了一个公寓单位，这是一栋二十四小时有保安严密监控

第 12 章 终成眷属

的大楼，公寓里有空调，有冰箱，有电话，厨卫齐全，免押金，低价给我们住，只要二千五百泰铢一个月，而市价是七千多。我们立刻就搬了进去。

我在担任联合国难民署翻译期间，经手了非常多的案件。因为我对宗教、政治、社会及中共迫害的情形都很了解，所以我翻译的比别人准确，一直得到联合国官员和各方合作机构的好评。同时我也发现，到泰国向联合国申请庇护的中国人，及部分所谓的朝鲜人，90%以上都是假的。所写的个人论述驴唇不对马嘴，各种叙述前言不搭后语，也难怪见利忘义的翻译们敢于胡乱翻译。面谈的时候，以基督教被迫害为理由的不知道十诫是什么，说自己是传教士的讲不出耶稣的事迹，法轮功的不知道怎么打坐，不敢接触泰国法轮功组织，说是民运的讲不出自己做过什么，连警察怎么问话自己怎么回答的都说不出来，总之各种奇葩情况都有。

我还住在基督教会的时候，有个河南人以受到迫害为名申请避难，我被联合国难民署叫去翻译。这家伙说自己发明了水变油的技术，专利被共产党偷走了，要求联合国把他送到美国，他能解决全人类的能源问题，不帮忙就是对全人类不负责任。这家伙确实聪明，不知道他怎么办到的，居然在我毫无察觉的情况下，跟踪到我的住处，非要我给他解决吃住问题。在朋友的帮助下，我把他送到一家慈善机构，第二天他居然还能找到我的住处，非要我跟他去美国大使馆，说他能解决人类的最大问题，美国没有理由不帮他。还说上次去美国大使馆翻译不好，这次我去美国不会被拒绝了。我告诉他美国一定不会帮你，你的技术那么厉害，中国不会不要你，我送你去中国大使馆吧。他一直跟我纠缠，我只好叫了警察，这才摆脱了他。

也许因为东南亚整体社会腐败比较严重，在泰国的联合国机构亚裔官员要么对中国难民的申请者都比较歧视，要么是被中共收买专门针对那些真正需要庇护的中国难民。许多并不符合资格的申请者，很轻易就能获得身份而且能够被快速安置到发达国家，而一些真正受迫害的人，申请都被一再拒绝。

我自己就是个活生生的例子，第一次是个亚裔官员面谈，态度非常差，随便问了一些莫名其妙问题，翻译也很不认真，很多话翻译的明显词不达意，很快我的申请就遭到了拒绝。如果不是 JRS 机构帮助搜集证据，特别要求欧美官员审理，我第二次申请被拒绝也不会意外。

1998 年，中国民主党在全中国二十多个省同时向民政部申请合法组党，是几十年来整个中国民运历史上除六四外最重要的事件，参与者自然被残酷镇压。其中湖北党部的陈忠和、萧世昌等人都被判刑，家人被株连和恐吓。于是，第二年陈、萧两人的妻子和女儿逃离中国，到泰国的联合国难民署申请避难。

我自己在 1998 年呼应中国民主党在国内的合法申请，同时在泰国成立中国民主党东南亚党部，获得王希哲、王炳章等人的支持，因此对陈萧两位家人的申请特别留意。他们的处境和她们家人的遭遇，都完全符合联合国难民的定义，加上我完全准确的文件翻译，我认为一定能够获批。虽然她们的面谈因为我结婚一周年度假错过了，是其他人翻译的，

第 12 章 终成眷属

但有清晰的文件翻译，面谈应该不是问题。

然而，两家人的申请都被拒绝了。难民署叫我去给他们拒绝信的时候，我非常吃惊。

按联合国规定，翻译必须是中立的，不能给申请人提供帮助。但看到两家人特别是已经陷入绝境的陈忠和妻子和女儿的无助，我不能袖手旁观，我当即跟官员说拒绝她们是错误的，因为我知道她们和家人都经历了什么。联合国官员警告我必须中立，不能帮她们说话。

当时，因为陈家经济状况比较差，出国时萧家准备的钱多，她们两家的钱都放在萧夫人手里。陈家母女经常挨饿，而且她们都说钱花完了，求我帮忙。

她们都是女人，住条件差的地方不安全，于是我把她们带到我住的公寓，跟公寓经理协商，看我的面子，照顾难民身份，要她们五千泰铢一个月。

后来我发现，其实萧夫人很有钱，一位在国内做人大代表的朋友过来探望，花钱如流水，这位人大代表还邀请我去洗色情澡，我拒绝了。但陈夫人母女很困难，几乎没有吃饭的钱。

我向民运朋友们呼吁，美国的一些朋友伸出了援手，好像收到了两千美金，当然远远不够。我又到教会募捐，还联系 JRS 给她们帮助，另外，我自己也掏了不少钱给她们。因为陈家母女抱怨挨饿，我把收到的款项和我给的钱都分作相等的两份，一份陈家，一份萧家，为此得罪了萧家母女。后来我离开泰国后，萧家逼迫陈夫人母女一起签字，写信给香港的中国民运人权信息中心的卢四清，揭发我贪污了美国朋友给他们的捐款。幸亏卢四清查证清楚了美国朋友捐了多少，她们收到了多少，知道我不仅没有贪污还贴钱进去，才还了我清白。

在我的协调下，不少美国朋友，包括王希哲、王炳章、谢万军、徐文立等人给联合国写信，发传真，打电话，终于让联合国重新审理，在我离开泰国之前批准了这两家人的难民申请。

第 13 章 落地加国

在把我妻子接出来之前，我就知道自己会被联合国难民署安置到第三国。因为在我命运最关键最艰难的时期是加拿大牧师和传道人救了我，让我对加拿大有了天然的好感。于是，在考虑移民安置去向的时候，我们毫不犹豫选择了加拿大。

那时候，一般的难民安置都是被动等待联合国的决定，不能自主选择目的地，也不能选择安置时间。联合国安置的优先原则是单身女人带着孩子的，然后是有孩子的家庭，再然后是单身女人，没有孩子的夫妻，最后才是单身男人。我们属于不能优先的那一类。

也有一些国家的政府接受联合国已经认定的难民主动申请到他们国家安置，加拿大是其中之一。于是，JRS 律师迈克尔帮我们申请到加拿大安置。

特别奇妙的是，拿着律师给我们准备好的申请材料去加拿大大使馆递交时，被告知那天是加拿大最后一天接受个人申请，晚一天就只能等联合国按优先顺序安置，不知道要到什么时候了。

2000 年初，五十多位朋友包了曼谷高级的大酒店餐厅设宴，给我们送行，其中还有部分国内来的亲友，亲眼见证了我们在泰国得到的关爱，那是他们在国内无法想象的。

那年三月底，我们到达了加拿大温哥华。一落地，内心无限地感慨和惊叹，加拿大的空气那么新鲜，环境那么优美，街上那么多的车却感觉不到吵杂……感觉他们仿佛是生活在天堂。我们对加拿大更加喜欢了。

我们一到加拿大机场，就有移民机构接待，立刻就拿到了三千五百加币的临时安置费用。住到接待的地方，每个月九百多的过渡期间生活费，并享受免费医疗，免费语言学习，一切都美好到令人难以置信。

到达加拿大后，我们得到了政府和社会各方面的关怀，可以说是无微不至。回想自己在出生地的各种遭遇，我们夫妻俩都觉得应该早点自立，少拿福利，多做贡献，回报加拿大。在退休教授加拿大大赦国际创始人甄妮佛的帮助下，我很快找到了移民部中英文翻译的兼职工作。工作很少，收入也微乎其微，但我很高兴能够有个做贡献的地方。

那时候加拿大经济并不好，对我们这样没有加拿大工作经验学历又低的新移民，找工作并不容易。大概一年后，我们两个人都找到了温哥华日升豆腐厂的工作。我们俩都是那种不怕吃苦不怕吃亏愿意傻干的人，在那里人缘也非常好，几乎所有人特别是领班们都喜欢我们，还没有到三个月试用期满，我就被提为领班。

成为领班，立刻让我成了人民公敌。那些领班们，绝大多数立刻对我实施围剿，在我的工作中挖坑使绊子，故意不配合。七八个领班个个都是高学历，甚至是留学博士，最低的也是中国名校本科，我哪配跟他们为伍，只有一两个还能心平气和跟我交接。普通工人绝大多数也都是高学历，觉得我这个连高中毕业证都没有的土老帽不配成为领班，各种嘲

第 13 章 落地加国

讽和不服气。

这种环境对我是有毒的，既然已经来到了加拿大，我就不应该还在这里浸淫。加上美国9.11事件发生，在食堂里看到华人们对着电视新闻欢呼，我感到悲哀和格格不入。于是我就找了个加油站的工作，从豆腐厂辞职了。

虽然离开了豆腐厂，找到了新工作，但甄妮佛认为我应该更进一步。在她的帮助下，一家公立的社区学院 Langara College 不要我高中成绩，不要任何申请文件，简单测试了一下数学，就破格录取，让我进入两年的财务管理会计专业学习。那时候，我晚上全职工作，白天全职上学和兼职给移民部做翻译，固然辛苦，但我非常努力，两年后顺利毕业。

我自己是国际关注的受益者，离开中国后，无论在泰国还是在加拿大，都积极参加有关的人权和民运活动。特别是到了加拿大，有了稳定的生活和稳定的人员交往，我每个月都参加四五次大赦国际的活动。因为我提供的国内信息准确及时，大赦国际经常采用我的信息，为很多国内同道提供了国际关注。我个人，有时候也有其他朋友一起加入，为部分同道及其家人提供财务支持。

其实，因为个人能力所限，我参加的人权民运活动效果并不显著，但因为态度积极，让大赦国际的朋友们对我家人特别关注，这为以后救援我弟弟一家，打下了基础。

我离开豆腐厂的时候，趁着加拿大房价低，以最低首付一万二买下了总价十二万加币的高层单元公寓。为了方便两个人上班、上学和参加活动，不得不一千元首付贷款买下了一辆 Kia Rio 新车，当时还款压力还是非常大的。两年上学期间完成了二十四门课之外，我每个星期的工作时间超过五十小时。到2004年毕业的时候，感觉到自己真是顶不住了，无奈把公寓十七万卖掉了。卖掉三个月后，那个单元就涨到了三十多万，十几年后涨到了七十多万，感叹自己没有发财的命啊！

第 13 章 落地加国

第 14 章 重返故土

2004年我们夫妻顺利入籍，拿到了加拿大护照。那时候中国欢迎加拿大人去中国旅游，对加拿大游客签证非常宽松，我们顺利拿到签证，加上手上有了卖房赚来的一点钱，就想回到中国探亲。上帝给我们开门了，让我们兴高采烈地踏上故土，与久别多年的父老乡亲团聚。记得当时我们两个兴奋得几天都没有睡觉。一想起乡音就有一种亲切感，一想起家乡的美食就垂涎三尺，一想到亲人们就欣喜若狂，一想起地里的庄稼就闻到泥土的芬芳。那时候真是归心似箭，巴不得立刻就到家。

我们是晚上才到家的，第二天吃了早饭，刚刚跟哥哥嫂子们坐下聊天，突然十几个壮汉冲进了堂屋。一个领头的拉了一把比较高的椅子就堂而皇之地坐下，要求我站起来回话。

那时候，我知道中共为了对外显示法治精神，不敢对外宾撒野。于是我强硬大喊："滚出去，你们这些违法分子！"

那帮人根本不服气，回说他们是执法的，我必须老实回话。

我告诉他们，你们私闯民宅，不说明来意不亮明身份，你们执的是什么法？

他们一听我很懂法，就退出了我父亲的家，站在大门外说他们是派出所的，听说我回家了，要听我解释为什么释放后那么多年都不向他们报告行踪，还要看我的身份证。

我拿出我们夫妻的加拿大护照,他们没有一个人看得懂,只知道是个外国护照。我说我们是加拿大公民,我要告你们侵犯我们的权利。他们立刻软了,说:"中国欢迎你们,我们是来保护你们的。"

后来听邻居说里面有一个是本村的治安主任,还发狠说有机会一定要揍我一顿,让我长长记性。

那次回国探亲印象非常深刻的是一个女邻居,都八十多了,问我:"加拿大有我们村好吗?"为了不让她难过,我说都差不多。

2004年前后,对我老家江苏省赣榆县的农民来说,是自七十年代末以来最艰困的时期。因为要在数据上出政绩,县里虚报的农民收入水平是实际收入的三四倍,因此国家和省市的拨款基本都没有,反而还要上交财政,教育、医疗、行政、治安等费用就全靠拼命压榨老百姓。

那时候,农民实际人均收入也就一千元左右,县里报上去的各村人均收入却在三千五百元到五千元之间。义务教育阶段的中小学生每年都要交八百元左右的学费,高中生要交二千五百元以上。这么高的学费,却由县教育局派官员到各个学校蹲点征收,80%立刻拿走归县里,名曰统一管理,实际肉包子打狗一分也不会返还。学校只能用这留下的不足20%学费,再加上四处借款,老师一千二百元的工资大概只能发四百元,还要拖三四个月。老师们苦不堪言,罢课也没有用,很多老师南下苏南、浙江、广东打工谋生。

农民人均收入才一千,但每年的各种负担却是五百多,政府利用地痞流氓当打手,交不上的经常会被抓起来残酷虐

第14章 重返故土

待。

　　我的母亲早在我从监狱获释（1996年）前半年就去世了。2004年前后那几年，我每年给老父亲寄人民币一万元左右，他成了村里最富裕的老人。村里的孤寡老太太们都喜欢到家里探望父亲，他过了几年不愁吃穿的日子。

　　从加拿大回到老家，农民的日子比我八十年代离开的时候还要苦，很多人家因为交不起学费让孩子初中就辍学打工。我和我弟弟收集了各种社会负担的证据，走访了很多知情人，看到和了解到了很多骇人听闻的困难，决心回到加拿大后为父老乡亲们呼吁一下。

　　回到老家，不免要去母校中学看望老师和同学。很多同学成为了老师，曾经对我特别好的英语老师当了校长，但因为我的反革命历史，绝大多数老师和同学都不敢表现出亲近。

　　我曾经最敬佩的地理老师，学识渊博，二十多年前他讲的课会有很多学生打瞌睡，却是我最享受的课。他那时候就讲环境保护水土保持，认为过度开荒和过度除草有害农业。他讲起世界地理，从来不需要看课本，仿佛全世界都在他头脑里，他的课给了我探索世界的最大动力。可是，这么优秀的人才，因为家境贫寒，只能上有补助的中等师范专科，没有机会去读大学考取更高学历。我这次回家，居然听说他被很多家长投诉学历太低，教学能力不行，即使已经有了二十多年的教学经验，还是被学校评为最低职称，因此在学校老师中拿最低工资。

　　几年后，那位英语老师在校长职位上以贪污受贿罪被捕。经过近一年的调查审讯，贫寒的家中，只有五千元人民币说不清楚来源，没有其它任何证据证明贪污受贿，却还是被以受贿罪判刑一年，开除公职。后来我听了解事情真相的人说，因为这所偏远农村中学有辉煌历史，出了好几个国家级甚至世界级的人才，需要扩建，很多人盯着这里面发财的机会，他不贪反而是必须除掉的绊脚石。

　　定居加拿大再加上国内流浪的时间，我已经差不多有二十多年没有跟初高中同学老师们相聚了，当年我曾经是他们眼里最有前途的学生。这次回国，因为卖了房子，有差不多五万加币在手，那时候相当于三十五万多人民币，也算是衣锦还乡了。约上一些同学和几位老师，或熟或不熟的，聚餐席间，有同学的手机接到一个找我的电话：

　　"喂，你好，请问哪位？"

　　"哈哈，你猜？"

　　声音语调都非常熟悉，马上想到是我初中第一位英语老师，他教我们初中英语的时候他自己还是高二的学生，正等着考大学飞黄腾达。

　　当他告诉我现在是连云港市公安局外事处处长，我就朝他抱怨，你们的人冲进我家，像土匪一样。他连忙道歉，说自己亲自培训过这些手下，到任何人家里必须说明来意亮明身份，还说要去骂他们。态度还算诚恳，加上原来曾经是我最敬佩的老师之一，曾经对我是最好的，我就顺势邀请他来，还说要专程去看他。他立马就顾左右而言他，说最近太忙了，以后再说，看来还是怕有联系。

　　觥筹交错一个接一个酒场、饭局，洗温泉唱歌，大家相互吹牛相互炫耀成就，两天就这样毫无意义地度过了。只有

第14章 重返故土

一个不太言语的同学说我应该多跟家人相聚，他们的生活太苦了。我这才从灯红酒绿中抽身，回家包了个餐馆，叫了一辆个体公交车，把家中亲人都叫出来，给小辈发红包，跟餐馆说做最好的荤菜，上最好的酒。

小镇的餐馆，水平还能怎么样，菜品粗糙油腻，我和妻子都感觉吃不下去。但家人亲戚们却都喜欢的不得了，大快朵颐，几番上菜，都是一扫而光，直到最后餐馆说已经没有存货可以上菜了才算完。看着亲人们的生活现状，我内心非常难受，更想回到加拿大后要为他们做点什么。

这次回家，因为已经是基督徒身份了，更加期待去看望伯父伯母。早在我十四五岁的时候，伯父伯母曾经以不识字为由要我给他们读圣经，读基督教的一些教义，特别是主祷文等，还要我给他们用简谱教唱赞美诗，其实他们是想让我信耶稣。我那时候告诉他们只有愚蠢的人才会信，意思是他们迷信愚蠢。但他们不生气，还是一如既往地喜欢我。

我迫不及待来到伯父家，他们的破房子还是和几十年前一样，墙都裂开了，冬天会进风。门是几个棍子绑起来，上面连着塑料布。食物还是跟几十年前一样主食吃红薯，当然我堂兄弟们会送点米面，让他们有机会稍微改善一下。无奈堂兄弟堂姐他们自己都很贫困，想多做点也是心有余而力不足。

这次探访虽然看到了农民的贫困，但也给了我很多意想不到的惊喜。

一大惊喜是我的堂弟已经是一位颇为成功的牧师，所牧养的教会已经有数百人之多。不管是教会同工还是平信徒，大家虽然生活贫困但从精神面貌来看都充满喜乐。他们去集市上以地方戏剧形式传福音，浅显易懂地宣扬基督之爱，让人特别兴奋和欣慰。

一次在公交车上，有位中年妇女满脸阳光和喜悦，毫无恐惧害怕，当众宣扬福音，告诉满车的乘客耶稣是救主，我们要悔改，耶稣是真爱，耶稣基督里有真幸福。我向这位大姐致敬，跟她握手，告诉她我们是真的弟兄姐妹，她也很感动。

一次我跟堂弟去市场买菜，那位卖菜的大姐坚持不收钱，说她在另一个教会听过我堂弟讲道，知道我堂弟生活贫困还坚持传道，就算她支持教会了，还告诉我堂弟可以经常到她的摊位来拿菜。

有幸探访了一家地下神学班，二十多个学生，生活非常贫苦，每一两个星期就要搬家，以免被政府抓捕破坏。据说已经存在很多年，经常是搬家后一两天警察就会出现，几年里神保护了他们，从来没有被抓到过。我到的那天晚上，他们听到风声警察要来，只得半夜搬走。一名司机开着一辆报废的卡车，在狭窄的乡村土路上平平安安地将他们搬到另一个安全的地方。他们经过的一座桥，宽度跟卡车差不多，要是我白天也开不过去，人家却轻轻松松就开过去了，这难道不是神的恩典吗？

看到学生老师们生活那么清苦，我们两口子拿出一千人民币，让他们买点肉蛋改善生活，然而跟他们一起吃饭的时候在菜里还是看不到多少肉蛋。他们说这钱要细水长流，不能那么快吃完。于是走的时候我们又多给了一千元。

离开七年，再次踏上中国土地，自然要去我曾经身陷囹

第14章 重返故土

围的云南。

  1996 年我出狱前，除了政治犯和宗教犯朋友，我还有个特别要好的刑事犯朋友。他长相英俊，高大威猛，力大无穷，因此很得女性狱警的喜欢。通过他一位女性狱警朋友的介绍，有位良心狱警也一直愿意帮助我。这次来昆明，通过这位狱警的私人关系，以探望这位狱警的名义，我们来到了监狱，除了与这位刑事犯朋友相见，还见到了梁超天。本来还想见其他政治犯，因为太敏感，狱警朋友表示已经尽力，其他再也无能为力了。

  1997 年离开中国前，我还去过大理。那时候，走在巷子里的青石板道路上，感受着阳光和清风，我这个不怎么会写诗的人，也顿感文思泉涌，写的诗发表在 1998 年泰国《世界日报》上，深获好评。然而，那么令我心驰神往的故地，这次再来，只感受到了商业的繁乱，环境的污染，只剩满满的铜臭味了。

  这一趟昆明之旅，我见到了几位曾经的狱友。多数人都能够自食其力养活自己，但是政府使用了各种办法，让他们疲于奔命，只能在社会底层挣扎，难以长久发展。只要在任何一个地方有所发展，马上就会引来国安们的关注和破坏。我建议他们实在不行就出国，但他们都想在国内坚持，认为出去语言不通更加难以发力。

  这次回国，因为成了外宾，到处都有人请吃请喝请玩，感觉自然是很不错的。最遗憾的是，没有见到好朋友孟洋。因为坐过牢且是政治犯，出狱后找不到工作，没有办法养活老婆孩子，还要靠老婆打零工养活他，最终分手，妻离子散。

三个星期的旅程，由于倒时差和太过兴奋，我们都没有好好休息，最后三四天是在病中度过的，没有食欲，拉肚子，头晕，大家都担心回程坐十多个小时的飞机我能不能受得了。然而，当飞机一降落到温哥华机场，我瞬间满血复活，头也不晕了，立即感到饥饿，几个朋友接机直接先去餐馆，吃什么都有非常好的胃口。

第14章 重返故土

第 15 章 越洋维权

回到加拿大我立即整理老家拿到的那些证据，把过去三四年的农民负担、学生学费和老师工资单等或拍照或复印，翻译成英文，做成一目了然的表格，附上简单说明，发给了美国之音和自由亚洲广播电台，还有人权观察、大赦国际，劳工观察，香港人权民运信息中心，博讯新闻网等，同时传真到联合国人权委员会，特别说明中国政府一再强调的生存权在中国农村农民这里已经没有了。为了扩大影响，我还把英文说明及证据传真给了加拿大 CBC，美国的 CNN 及《纽约时报》等媒体机构。

两三天以后有记者朋友专门打电话给联合国人权委员会，问是否收到这样一些文件。联合国官员第二天确认收到了，称他们会将文件转交中国政府，过几天中国政府开记者招待会的时候可以去问。

当时的自由亚洲电台、美国之音、博讯新闻、劳工观察等都对此做了报道，其中劳工观察做了英文报道，英文媒体有记者跟进。

这件事引起了很大反响，我们离开中国不到一个月，中共中央国务院就和江苏省组成了联合调查组，赴我文件中提到的苏北和鲁南进行调查。不久后据体制内朋友告诉我，调查的结果不仅证实了我的说法，其实很多地方比我说的更严重。特别是超收学费截留老师工资的情况，特别普遍。

大概到 10 月份前后，中国终于宣布完全取消农业税，不准从农民身上收取任何苛捐杂税。那一年，我们老家的农民终于可以喘一口气，义务教育阶段的学生也终于不需要再交学费，高中学费也减到只需几百块，老师的工资终于按时发放了。

然而，这么一来，一些老家的贪官污吏自然会被拿出来平息民愤，没出事的官员们收入也大大减少，失去了很多发财的机会。于是，我家人，特别是参与这件事情的弟弟，成了家乡官员们的报复对象，一家人都受到了生命威胁。弟弟、弟妹只好背井离乡，抛下五岁的儿子到烟台打工谋生。

我弟弟、弟妹都是初中没有毕业没有文化的人，特别是我弟弟，做事只凭热心，不知道里面隐藏着危险，知道加拿大有个哥哥会帮他，看见别人遇到危难，他就毫不犹豫热心帮助。

他们一到烟台，就碰到了一家国营机械厂倒闭，当权者想贱卖资产，中饱私囊，不给工人遣散费和其它应得的福利，工人们就举行了罢工。正好他在其中一位工人家里做装修，就告诉工人们我在加拿大可以联系媒体，帮助工人发声，有舆论压力罢工行动才会成功。

罢工工人们瞌睡碰到了枕头，我在加拿大把罢工消息发给了自由亚洲、美国之音、劳工观察、大纪元等，多家媒体迅速跟进采访报道，让罢工行动得到外界的有效关注，最终工人们得到了预期的补偿，就热心回馈帮助弟弟，给他介绍装修客户。弟弟单纯正直，是很多同业者眼中出了名的傻子。他干装修从来都是认真仔细地慢慢做，做出来的活质量有保

第 15 章 越洋维权

障，所以他的客户都是口口相传介绍来的，一家还没有做完，另外一家就排队等了。有了当地人帮忙，不仅工钱不被拖欠，客户也乐意支付比其他人高一些的工钱。

看到我在加拿大联系媒体曝光很起作用，弟弟还给我找了不少类似的"麻烦事"，经常半夜电话就打了过来。

2004年，家乡有五六十人给中建三局打工，到巴基斯坦建军方的飞机场，工作非常辛苦，一天工作十几个小时，没有休息日，一干半年到春节了也不付工资。工人们举行了罢工，公司告诉巴基斯坦军方工人闹事，要破坏飞机场，巴基斯坦军方派出军车架着机枪来镇压工人。

我半夜得到这个消息，顾不上睡觉，立刻就联系香港的劳工观察，及大赦国际、人权观察等机构，还发邮件打电话给其它中英文媒体。一些媒体立刻去采访巴基斯坦政府和军方，问他们为什么不经调查就听信中国公司的欺骗，还派军队镇压无辜的中国工人。巴基斯坦政府弄清楚缘由，立刻撤走了军队，同时通过外交部中国大使馆强令中国公司给工人发工资，并改善工人待遇。

弟弟两口子在烟台得到了很多当地人的帮助，生活稳定下来，弟妹二胎怀孕，也因为不在老家没人注意，而轻松躲过老家那边残酷的计划生育措施。一直到快要生了，弟妹才一个人悄悄回到老家。

一到家，村里干部看到弟妹挺着大肚子，看样子来不及采取措施，就要求跟其他人一样交一万五千元罚款，才可以将孩子生下来，还说这是给面子，其他人不交钱就得拉去坐地牢，不交钱不能回家，连饭都不给吃。弟弟、弟妹打电话给我，问我该怎么办。

那时候江苏省颁布了计划生育法，第二胎超生罚款是当地人均收入的四到八倍。我老家人民年均收入也就一千左右，人们根本不应该交那么多，况且也没有合规的罚款手续，都是交到贪官污吏手中，成了违法犯罪欺压人民的经费。我叫他们扛住，坚决生下来，但要钱要根据计划生育法律来，拿出收费单据和收费标准。

2005年春节刚过，孩子出生了。很快村里就一再上门口头通知，必须交罚款，开始要一万五，越跟他们讲道理他们越来劲，把罚款增加到一万八。再不交，威胁准备动粗了。

我的父亲和哥哥姐姐们都被政府威胁，要求他们配合说服我和弟弟把罚款交了。亲人们也都怕事，说反正我在加拿大挣钱多，就帮着把钱交了，省得得罪更多人还吃亏，在计划生育这件事上没有人能够斗得过政府。

我看到的是父老乡亲在计生罚款面前所受到的种种苦难，我虽然在加拿大挣钱不多，但交这点罚款倒不是困难。我很想通过弟弟这个案子，告诉人们按法律规定是不用交那么多的。我让弟妹告诉那帮计生官员，如果他们真敢动粗，我会向全世界曝光他们所有的贪腐和侵害人民权利的行为。

鉴于2004年为减轻农民负担的事情已经让老家这帮贪官污吏见识到我联络媒体的能力，也知道我吃软不吃硬的作风，于是他们通过一些近亲传递信息，罚款我们可以不交，但对外说我们已经交了就可以，那样其他超生的人看到我们都抗不过，就会乖乖交钱了。但我们真实的目的不在这一万五千块钱，恰恰是要让老百姓明白交这些钱没有依据，这钱收的不合法，可以反抗。不管他们怎么软磨硬泡，我们家就是不松口，对外也说坚决不交，除非查实人均收入水平，按计划生育法的标准交。当时政府严重注水的人均收入是接近四千元。

经过几个月的交涉，计生人员终于拿来了赣榆县计划生育委员会的正式社会抚养费收费通知书，数额一万八。我们决定走法律程序，于是向赣榆县法院提起诉讼，要求法院实地调查本县农村人均收入，按江苏省计划生育法标准重新确定罚款缴纳数额。

为了提供家乡农民人均收入的实据，我跟北京的仁之泉法律工作室合作，由我出费用，请了山东济南的王全璋律师带领两个北京的大学生，一起赴江苏省赣榆县实地调查取证。

这三人都采取了反追踪措施，总算跟刚从烟台偷偷回家的弟弟会合。鉴于弟弟家监视严密，为了不显眼，想从没有多少关联的村庄开始。谁知道刚到那个村庄，几十个彪形大汉就在村口堵住了他们。这些人声称"到哪个村都能逮到你们，我们全县民兵都动员了，坚决不能让你们来搞破坏"。最后，交涉无果，王全璋他们三人被押上一辆黑车，一直送到几百公里外的山东地界才放行。

调查人均收入这件事，让当地所有贪官污吏都很生气。我弟弟有一次半夜回家，快到家门口突然被人从背后袭击，为了保命，他顾不得疼痛，赶紧往家跑，及时止住血，才保住一命。为了安全，他只好留下老婆孩子在家里，自己一个人又跑回烟台谋生。

在孩子快到一岁的时候，县法院驳回了我们的诉讼，维持计生委的决定，要求我们必须立即交钱。送达判决的时候，十多个大汉冲进弟弟家，当着我八十岁老父亲的面，把孩子从妈妈怀中拽出来，狠狠地摔在坚硬的地面上，然后把弟妹拉走关押起来。我可怜的小侄儿被摔在地上，妈妈被一群人拉走，哭得撕心裂肺，很可能被摔时造成神经损伤，自此一直到十一二岁都不能控制大便，直到来到加拿大有了安全环境，加上我们的爱护，才渐渐好了起来。

我接到父亲的电话，被父亲大骂一顿，说我既然有钱就别找麻烦，交钱了事。我只能无奈听着父亲骂我，不回嘴，但心中还是暗暗决定绝不妥协。我立刻联系了自由亚洲、大纪元、美国之音等媒体，讲述了我弟妹被拉走侄儿被摔在地上的事情经过。之后我抓紧时间找到赣榆县厉庄镇办公室电话，严厉警告他们说我会向全世界曝光他们侵犯人权违反法律的事情，要求他们立即释放我弟妹。

其实当初有些官员不想把事情闹大，县行政复议委员会已经给出结论，该罚款金额的认定违法，但无奈求财心切的贪官污吏们最担心财源受影响，决心要杀鸡儆猴。

自由亚洲当时做了如下报道：

> 江苏赣榆县潭湖村民石福奎控告当地县政府，对超生家庭违法征收社会抚养费，但法院近日一审驳回其诉讼请求，而超生征收费为当地政府的重要财政来源。
>
> 赣榆县法院在上个月22日驳回石福奎的起诉。石福奎的哥哥石清在接受本台访问时说："当地政府对他

第 15 章 越洋维权

弟弟征收巨额社会抚养费时并没有按法律规定进行听证会，所以属于违法行为。由于社会抚养费普遍对村民征收，如果是作为税收的一种，并没有按照税收法去执行，以及县政府对于征收费用数额的确定，也不是依照实际村民的年收入，而只是靠政府官员虚报的数字。"

石清指出石福奎在去年9月份收到县政府计生委颁布针对超生家庭征收社会抚养费的决定书，决定书无视县行政复议委员会对社会抚养费属于非法征收的复议结果，大幅度增加了征收的数额。根据计生委的答辩状，对石福奎作出的征收依据是2004年当地农民人均的纯收入约3千元的统计。但根据抽样的采访调查显示，在被采访的39户家庭中，在2006年底纯收入仅为1000余元，远远低于政府的统计数字。

由于当地政府没有任何针对农民的养老福利，所以农民在有可能的范围都选择超生，而村干部亦没有采取任何措施执行计划生育的政策，反而鼓励当地村民超生，然后责令他们交付1万5千至1万6千元人民币的罚款。超生罚款已经成为当地政府的一项财政收入。

石清还指出，除了对超生家庭征收社会抚养费偏高以外。征收的过程亦没有按照法定的程序进行，其中包括，征收并没有统一的收费标准，征收后没有专用的票据，以及在征收过程对被征收者进行随意的辱骂，殴打，非法拘禁。

石福奎曾经在 2005 年期间对当地县计生委社会抚养费提出行政复议，上级机关就此曾作出撤销社会征收费的决定书。但其后石福奎就怀疑遭到当地政府的报复，其中包括他的妻子于 2006 年 7 月被非法绑架到镇计生站关押，石福奎又接到增加征收费用的决定。（魏紫军报导）

不久县里和镇里可能也都接到了一些媒体的电话采访，意识到我不仅要曝光他们的恶行，而且虚报人均收入的事情也会随之公开，于是乖乖把弟妹放回了家。但是这件事并没有结束，我们上诉到连云港市中级法院，依然被驳回，还增加了罚款额到两万八。那时候因为早前陈光诚曝光了临沂的计生恶行，引起了国际公愤，现在我又不依不饶，当局顾虑到我会不停曝光，并没有跟我们动真格的，我们一直没有交钱，最后也没有人再来找过我们。

2006、2007 年自由亚洲多次报道了这件事。

第 15 章 越洋维权

第 16 章 乡村选举

由于 2004 年回国时顺利拿到了签证，2006 年底我又回去了一趟，为的是动员一个同村小学同学韦有良参加选举，竞选村长，为此我还给他与湖北竞选先驱姚立法先生牵线，让韦有良了解什么是政纲，怎么竞选，给他打气。

公民记者作家杨宽兴曾经就这次选举做了调研和采访，他后来写出了总结，认为中国的基层民主阻力不在人民的素质，而在于政府的非法干预和流氓式阻挠，他写道：

> 赣榆县厉庄镇谭湖村是一个经济并不发达的村庄，不过，由于村支书石福奈大肆卖地、租地并利用山东、江苏计划生育上的政策落差（谭湖村近靠山东），收取迁移户口前来谭湖村生孩子的山东人各种费用，村集体聚拢了相当的财力，但据村民反映，石福奈不是利用积聚起的集体财力谋取公共利益，也不用于改善村民生活福利，而是暗箱作业，中饱私囊。在谭湖村，石福奈是个尽人皆知的赌徒，动辄在一夜间就输出几万元，这种财大气粗的表现，与石福奈的经济收入并不相符，而石福奈主要的收入，是向租用村集体土地烧窑的企业供应柴油，其中的玄机奥妙，从村民石祚兵的窑场租金就可见一斑：石祚兵是石福奈的侄子、村主任韦有军的姐夫，石祚兵租用村集体土地 150 亩用于烧砖，每亩年租

金300元，被用于烧砖之后的土地大量毁坏，但石祚兵在毁坏土地后用自家挖掘机对土地稍加平整，却要向村里收取每亩600元的耕地恢复费用，这就等于说，村集体土地无偿给石祚兵使用，被毁坏，还要向石祚兵支付每亩300元的费用，可谓滑天下之大稽。

许多村民认为，村支书石福奈和村主任韦有军已结成一个利益联盟，这种联盟严重伤害了村民利益。虽然无法动摇石福奈的地位，但通过村委换届选举将韦有军选下去，却成了很多村民的共同愿望。

正在这时，在厉庄高级中学食堂做临时工的村民韦有良站出来竞选村主任，并向村民发出了公开信：

尊敬的村民同志们：

你们好。

我叫韦有良，是谭湖村一名有理想，有一腔热血的先进村民，想在第八届村民委员会换届选举中竞选村民主任。如果大家相信我，请为我投上庄严的一票。在此，我表示衷心的感谢。

我的理想是：

一、坚决拥护和贯彻执行国家的方针政策，一切为了村民的利益，为民说实话，办实事。

二、积极筹建标准化幼儿园，将单独筹资为村民建一所标准化的希望幼儿园，聘请有"幼儿教师资格证书"的优秀教师任教，让我们的下一代在合格的幼儿园里健康成长。

三、带领村民共同致富。聘请专家技术指导，兴建无公害、经济型蔬菜大棚，使之形成产供销一条龙。大力发展村级企业，科学利用开发本村资源，引进外资技术，发展个体企业及手工业，全力增加村民的经济收入。

四、一切收费按国家规定标准收取，绝不多收一分钱，切实可行地解决农民担心的乱收费问题。

五、大力保护土地，杜绝破坏土地的行为发生，合理分配土地，杜绝滥占、滥用。

以上是我的理想，也是我村绝大多数村民的心愿，如果我荣幸地成为新一届谭湖村村委主任，我将坚定不移地带领大家实践我的理想，共创美好和谐的谭湖新村。

此致

敬礼

谭湖村村民 韦有良
2007 年 12 月 27 日

出于对原村主任韦有军的不满和对韦有良的信任，谭湖村 800 名具有选举权的村民中，未经广泛动员，就有 400 多人联合提名韦有良参选村主任，这一数字超过了选民的半数，韦有良的竞选形势看似十分乐观。不仅如此，一些在外地打工的村民也纷纷回乡参加选举，表示对韦有良的支持，当韦有军为阻止韦有良参选而发出"叫韦有良家破人亡"的威胁时，正是这一百多名身强力壮的返乡村民，在韦有良的带领下，主动找韦有军等有关人员谈话，对他们进行了有效的威慑，才使之未敢于当时发难。

不过,由于乡换届选举工作指导小组的支持,未经任何选举,石福奈就宣布自己任职村选举委员会的主任,并且按照自己的意志,挑选了选举委员会的组成人员。这一选举委员会的组成得到了乡换届选举指导小组的认可,使石福奈操纵选举成为可能,对石福奈和韦有军等人来说,这样的认可是至关重要的。有趣的是,石福奈中意的参选人石祚营、刘成利、刘梅和刘希超都进入村选举委员会,身兼运动员与裁判员于一身,直接违背了《江苏省村民委员会选举办法》第八条的规定:"村民选举委员会成员被确定为村民委员会成员候选人的,不再参与村民选举委员会的工作"。

不过,即使这样,由于韦有良具有强大的民意支持,如果进行公正的选举,也难免韦有良当选。于是,当众多在外打工者如期回到村里参加投票的时候,原定2007年12月28日的投票日期却被悄悄延期了。村民普遍认为,28日的选举大会延期的原因有两个:一是支持党组织要确保当选的候选人韦有军的选民人数不如支持韦有良的选民人数多;二是选举组织者还没有想好如何对付从北京、上海、广州和山东等地赶回老家支持韦有良的100多位青壮年。

就在村民耐心等待选举大会召开的时候,2008年12月31日凌晨5点左右,天还未亮,选举委员会的工作人员便在石祚营、刘成利、刘梅和刘希超的带领下,分别抱着流动投票箱,气势汹汹地用棍子敲开一家一户

第 16 章 乡村选举

村民的房门，要求村民在他们的注视下进行投票。

当村民石福奎发现这一奇怪现象时，天已放亮，他马上找来摄像机对选举委员会的行为进行录像，但随即遭到有备而来的石祚营等人殴打（石福奎被打入院救治），并抢走摄像机。当时，赣榆县民政局、厉庄镇党委和赣榆县公安局的工作人员都在现场，但厉庄镇党委书记韩重家等领导面对村民的申诉和谭湖村选举委员会的违法行为却不加制止。

按照《中华人民共和国村民委员会组织法》的规定，"选举结果应当当场公布"，而《江苏省村民委员会选举办法》第21条则规定，"投票结束后，所有投票箱应当于当日内集中到选举大会会场当众开封，核对票数，并当众唱票、计票，作出记录，由监票人签字。"但这些规定在谭湖村都没有法律效力，村民看不到选举大会会场，也看不到唱票、计票的过程，甚至连选举的结果也没有在当日公布——不用说，韦有军最后还是"当选"了谭湖村村民委员会主任。

谭湖村选举违法之处甚多。比如说，《中华人民共和国村民委员会组织法》规定："村民选举委员会成员由村民会议或者各村民小组推选产生"，但谭湖村的选举自始至终没有举行村民会议或各村民小组会议。比如说，《中华人民共和国村民委员会组织法》规定："选举村民委员会，有选举权的村民的过半数投票，选举有效"，在谭湖村800多名合法选民中，有500多人并没有拿到选票，可是，党组织和石福奈中意的韦有军仍再次当选村主任，其它"劳苦功高"的追随者也一并进入新一届村委班子。

舞弊选举的事发之后，韦有良等村民向市、县、乡三级政府反映谭湖村选举中的各种违法问题，但投诉全无下文，不仅如此，当石福奎再次催促厉庄派出所帮他要回摄像机时，派出所领导要石福奎拿出购买摄像机的发票。因发票已丢失，派出所领导便撂给石福奎一句话："没有你说的这回事。我们不管。"这样的态度足可说明一切问题。

有村民对我说，如果严格按照法律规定进行选举，韦有军是不可能当选的；如果大家都不按法律来，只看谁的拳头硬，石福奈和韦有军的人也未必是对手。可是，由于县乡政府的偏袒，石福奈和韦有军可以肆无忌惮地违法法律（再次当选之后，韦有军对支持韦有良的村民谭学健及韦有良16岁的儿子大打出手），村民却不敢进行反抗，只能任由石福奈和韦有军继续危害村民利益。

很多村民认为，石福奈和韦有军这种人早晚会出事的，目前的谭湖村可以说已经是天怒人怨。但是，由于土地资源被他们大量出售、出租、毁坏，即使有一天他们终于失势，谁来挽回村民的损失？

如果没有外来权力的干预，谭湖村村民自信具有足够的能力行使自己的民主权利，已经担任15年村支书的石福奈和担任6年村委主任的韦有军究竟是什么人，村民眼里看得清楚不过，任何严肃意义的选举都不会给这些人当选的可能，但是，外来权力为石福奈、韦有军公然"站台"的形势之下，村民无计可施。

尽管如此，谭湖村村民并没有放弃他们的努力，通过法律解决问题仍然是这些村民的努力方向，尽管他们已经意识到法律的救济是如此欠缺而无力。目前阶段，很多村民试图从清查村集体帐目入手，揭开石福奈、韦有军权力联盟的黑幕，可以想见，这条路将会走得十分艰难，不过，正是由于他们不懈的努力，我们才可以看到一线"村民自治"的曙光——这样的曙光，显然并不来自官方标榜的"村民委员会选举"当中——乡村民主的未来，首先来自于村民权利意识的觉醒和以法维权的行动能力。

第 17 章 苦难兄弟

从拒交计生罚款，到组织帮助韦有良参加选举差点成功，让老家的贪官污吏们对我和兄弟更加仇恨。迫于那个年代中共政府还要维持改革开放的形象，并且知道我在加拿大与媒体和人权机构有联系，有关部门和领导不敢公开对我家人进行迫害，但他们的小喽啰并不在乎，还是一如既往地找茬生事。韦有良的孩子被殴打至住院，他们还闯入我弟弟家里，当着父亲的面殴打弟弟、弟妹。弟弟被威胁让车撞死，死了也白死，他的大儿子上学也成了问题。这些事都曾被博讯网和自由亚洲电台等媒体跟踪报道过，并引起反响。

眼看形势恶化，我在加拿大把弟弟面临的威胁告知了大赦国际。那几年，我提供给大赦国际的资讯都被证实准确无误而且及时，因此全世界的大赦国际机构都对我家人的境况非常关注。当年全球大赦国际的紧急呼吁不到两个星期就会以全球十几种主要语种发出，全世界的人权关注者同时向中国各级政府写信，数万封各语种的信件飞往中国各级政府，据体制内朋友告知，这让连云港市、赣榆县、厉庄镇等下级政府被严厉训斥。

大赦国际认为我弟弟和家人在国内已经不安全了，纷纷劝我让弟弟带着家人出国。老家的一些贪官污吏也希望弟弟能够滚出中国，不再给他们找麻烦，为此他们一家顺利办到了护照。但同时也有一些强硬的官员说别想好事，要让弟弟一家永远逃不出他们的手掌心。

当时,加拿大移民部长是杰森·肯尼,他一直关注中国的民主和人权,大赦国际与他有极好的关系。大赦国际加拿大分部、泰国分部、香港分部甚至柬埔寨分部都协调合作,我和妻子亲自去泰国迎接,只要他能够到达泰国、香港、泰国、加拿大、柬埔寨的大赦国际机构会同时给联合国写信,要求联合国迅速处理,加拿大政府也会迅速介入,应该可以顺利到达加拿大。

我们做了应当说是周密的安排,弟弟户口在江苏,得罪的也是江苏官员,在江苏出境应该会被拦下。于是他们选择参加山东青岛的旅行团,交钱办手续都很顺利,在家里也严格保密,出行那天也跟家里其他人说带着孩子去山东烟台打工,没有任何可疑现象发生。

2007年4月12号,弟弟一家试图去泰国旅游,在青岛国际机场被拒绝出境。弟弟向自由亚洲电台记者叙说了当时被拒绝出境的情景:"到检查行李的地方,别人的都没检查,就检查了我们领队和我们夫妻俩的包。看到没什么违规的随身品,就放了。到边检的时候,让我们到一个屋里去,过了一个多小时,就说'接到上面的通知,不允许你们出国。'怎么问也不回答。记者问:"什么理由?""就说是'接到上面的通知。'没有任何解释。"

眼看着去加拿大的美梦成了泡影。

弟弟在老家已经无法呆下去,连儿子上学都成了问题,有人散布恐吓信息要弄死他们,让车撞死他们,最多算交通事故。家人实在害怕,可又没有办法离开中国,一家人只好又回到了烟台。

烟台的朋友们依然非常热心，没有因为弟弟的维权和接受采访等事情而另眼相看。找他装修的人很多，他的活多到必须叫亲友们一起来做才能满足需求。这时候很多亲友骂弟弟傻瓜，明明可以偷工减料赚快钱，他非要那么认真。结果那些亲友们一再造成质量问题，事没做好拿到的钱却一分也不愿意退，弟弟去给他们擦屁股，自己承担他们的错误和损失。他们的理由是明明可以不管那些质量问题，是他自己非要那么较真，所以贴钱是他自己的事情。可就是因为他认真的态度，让烟台人非常欣赏，不仅有做不完的业务，连我弟妹的工作，及孩子上学的问题当地人都帮忙解决了。最让人感动的是，侄儿跨省异地上学，没有因为户口问题额外多交钱或受到刁难。老家政府几次派人到烟台要求协助收计生罚款，都被烟台有关部门敷衍了回去。

这样辛苦忙活了几年，弟弟两口子每年也有近十万的收入，经济条件比呆在老家好了很多。但中国的水泥和瓷砖都有毒性，弟弟的皮肤严重过敏，灰尘造成了严重的尘肺病。

2009年父亲过世，我又回到中国，看到老家搞了些面子工程，修了一些水泥路，其实有些水泥路压根就不该修，因为没有人考虑水的走向和水循环问题。大量使用农药化肥，造成土地板结越来越严重，虽然我们2004年的闹腾让农民负担减轻了，但务农费用却越来越高，土地收入越来越少，父老乡亲们生活依然非常困难。

家乡的年轻人越来越看不到希望，不得不外出打工，胆子大的出国打工。从2005年到2015年，出国打工被虐待拿

第17章 苦难兄弟

不到工钱还不允许退出的事情越来越多。老家那些人都知道了我和弟弟的门路，一有这样的事情，他们也不管时差，就来联系我。我经常在睡梦中被电话吵醒，帮他们联系媒体，解决问题。那时候，我的介入似乎一直很起作用，我帮助过的海外派遣劳工纠纷涉及巴基斯坦、哈萨克斯坦、尼日利亚、阿尔及利亚、赞比亚、新加坡、马来西亚、东帝汶等近十个国家，受益者至少有四五百人。

第 18 章 为神见证

2005 年,我从专业学校刚刚毕业,很快就找到全职会计工作。那是我第一份专业工作,我干得非常认真。老板也非常欣赏我的工作,非常信任我。他们把所有与财务有关的事情通通交给我管理,包括出去收款,清理多年来的账目没有办法。

本来我们是非常喜欢温哥华的,那里气候宜人,空气清新,又是旅游胜地,尤其是樱花盛开的时候非常漂亮。但是我们为了早日富裕起来只能拼命工作,想到我们都年轻,体力上应该没有问题。日积月累,我们渐渐忘记了休息。我是全职学习,外加全职上班,而且还是大通宵班,刚开始还行,渐渐地我就没有办法正常睡觉了。一到晚上我就特别清醒,白天则疲倦不堪,总觉得头脑不是很清晰。当我毕业了,本想可以好好休息,不会有睡觉问题了。但是温哥华一到冬天,整个季节都是阴雨绵绵,让我很难受。有时候我都感觉自己是不是有抑郁症了。不管怎样工作要紧,我还是坚持正常上班。没想到,意外发生了。2006 年 10 月那天我开着公司的新型奔驰 Smart,就是后面没有座位那种小型车,收好公司的款项往回赶路。开到一个很繁忙的红绿灯口,我明明看到是红灯,知道必须停但就是没有停下来,继续朝前开。只记得"砰"一声巨响,然后就什么都不知道了。据目击者讲,当时所有的车辆全都停下来了,好几个人赶紧下车把我从浓烟滚滚的车里拉出来。有人打电话报警，有人还脱下衣服来帮忙堵住我血淋淋的身子。有人大声叫喊，我也不知道他们叫了多久。渐渐地我隐隐听到声音，开始感觉浑身剧痛，我开始微微地呻吟了。他们继续问我问题，害怕我又昏迷过去，叫我继续回答，我当时强撑着，真是有气无力了。那些人一直等到救护车来了，警察把事情都做好笔录，他们才回家。前后差不多二十多分钟，这些都是后来警察告诉我的。

我被立即送到医院抢救。内脏大出血，全身都是血淋淋的。他们用了三个小时来清理身上的血迹，清除腹腔内的淤血。紧接着做膝盖手术，又花了三个小时。医院打电话给我太太，把她吓得瘫软在地上，很久都不知所措，整个人傻掉了。

三天后医院安排康复师指导如何运动，叫我不管有多疼，都要强咬牙忍痛锻炼，只有这样才能尽快恢复健康，避免肠粘连和其它后遗症。为了我们的幸福，我咬紧牙关，迈出了艰难的第一步。慢慢地信心增加起来，多走动，多吃饭，体力也慢慢恢复，一周后终于出院回家了。

医院继续安排了一系列的康复活动，医生上门服务，护士上门换药，专车送去锻炼身体。他们都是无微不至地照顾我，医生也经常打电话询问康复进度。虽然我身体很疼，但是看到这么多人来帮助我，我感动得泪流满面。这完全是我的错，却让他们都围着我转，尤其朋友们和教会的弟兄姐妹们天天为我们祷告，天天打电话问寒问暖。教会还派一位修女每天下午三点来我家祷告，我们都沐浴在上帝的大爱中。为了早日康复，我非常认真地做运动。很快我就不需要拐杖了，一颠一跛地自己可以慢慢走动了。在没有发生车祸之前，我没有意识到健康是多么重要，总是认为一切都很正常。这次才亲身体会到我们能自由地呼吸，自由地行走，是多么幸福。感谢上帝又赐与我健康。

在温哥华，先是大赦国际邀请我去UBC大学分享我的亲身经历，慢慢中文英文教会也了解到我的背景，陆续请我去做见证，还有电台报纸杂志也请我去分享。当时我觉得自己的经历普普通通，没有什么了不起的地方。在异国他乡，每个人都必须努力打拼，这也很正常，也许别人的故事更精彩。所以当时他们请我分享我也就潦潦草草，马马虎虎地应付了事，更没有想到是神在锻炼我，提供机会发挥我的演讲能力。

2006年，百慕大的人权组织和大赦国际组织邀请我去做为期一周的演讲，还包括四所小学和两所高中，还有当地报纸的采访。我们这样的小人物也能被人邀请做那么重要的事情，心里很是感恩。

日程安排得非常紧张，但是有一个教会听说我在分享亲身经历，特别请求去他们教会分享，我们商量后就去了。他们听后，好多人都热泪盈眶。其中的教会牧师告诉我，上帝给你写了这么精彩动人的故事，一定要把上帝的荣耀彰显出来，要多多做见证，上帝会更满意。我当时才醒悟过来，慢慢地我就开始认真做见证了，只要有人想听，我就津津有味地道来。

我们演讲和见证的新闻在百慕大最大的报纸上大篇幅登载后，代总理也在百忙之中临时抽出时间与我会谈，问我怎

第18章 为神见证

么面对中国的经济机会,在与中国的经济交往中怎么促进中国人权,我都认真地一一答复。

此前我们还曾犹豫要不要去百慕大,因为听说那里是个非常神秘的地方,飞机轮船到了那个位置就会人间蒸发,消失得无影无踪。我们又兴奋又担忧,就祷告祈求上帝指引我们是去还是不去,最后还是去了。我们说既然是上帝要我们消失,那也是一件美事,早晚不都得去上帝那里交差啊。

百慕大是一个非常小的国家,但是非常干净,非常漂亮。他们不鼓励外人去旅游,不用塑料垃圾袋,一切物资都得从美国空运,可想而知他们的物价不会便宜。汽车通通改造成小型的,道路也很狭窄,最高时速只能开到45公里每小时,那真的是要考验人的耐性了。那里的水非常清,在岸边就能看到游动的鱼虾海龟等,让你感觉置身海洋里,欣赏美丽的海底世界。饮用水必须经过屋顶的水槽通过管道储存起来再进行过滤,所以家家的房屋都是一圈一圈的粉红色,海滩也是粉红色的,真是太美了。

一周时间非常短,加上日程忙碌,还没有尽兴就得回家了。真以为会消失在美丽的百慕大,但是上帝又把我们平安送回加国。感谢上帝。

后来开餐馆,很多人从很远的地方专程来用餐,就是为了想听我们的故事。真是好事传千里啊。

第 19 章 职业生涯

2004 年我非常繁忙,每周工作五十多个小时,每个月要参加三至四次大赦国际的人权活动,而每学期的功课有四到五门,让我非常担心自己的学业不能完成。最终,虽然对自己的成绩并不满意但总算顺利毕业了,也找到了一些不太稳定但非常锻炼人的会计工作。

2006 年,我应聘到了加拿大冰川国家公园里的 Best Western Glacier Park Lodge 四星级酒店担任财务总监。到了以后才知道,这个酒店的三个股东都是华人,互相拆台争权夺利,很让人无语。不过我发挥了自己善于分析和解决问题的特长,不到三个月就抓住了前台经理一直偷钱的证据,并找出了总经理伙同前财务总监和前台经理相互勾结私吞公款的蛛丝马迹。这些人都是白人,都很有工作能力,但当他们看到老板们勾心斗角,他们的人性之恶也就自然显现出来了。但他们毕竟也要考虑颜面,不等我彻底拆穿,在前台经理要被交给警察之际,总经理担心自己丑事被揭,也就主动辞职了。

这个酒店是独家生意,方圆一百五十公里内唯一的大酒店,坐落之地连接加拿大东西主要公路,夏天冬天都是生意爆满。夏天是旅游季节,每天有四五十辆旅游大巴经停,冬天军队大炮轰雪做雪崩控制,也是难得一见的景观。大雪天自然雪崩也经常发生,堵在路上的人不得不挤进这个酒店。

曾经因为堵下来的人太多，客人们哀求允许他们睡地板，这时候个别股东要求大幅提高价格，睡地板的也收高价。我跟他们说那样做太影响形象，对以后的生意不利。这才让酒店保住声誉，没有背上"趁火打劫"的骂名。

没有了总经理，股东们自己又不知道怎么办，其中有懂经营的，但其他股东又信不过。权衡之下我被赶鸭子上架，因为似乎只有我能够解决所有出现的问题，那就让我来做总经理。

我身兼总经理、财务总监、前台经理多职，不仅管理前台、餐饮部、礼品部、酒吧、清洁部、维修部，还要管理附属的加油站及杂货店。过程中发现了很多漏洞，到处都有偷钱的情况。加油站有个印度员工，因为我发现了他不仅偷钱，还偷刷客人信用卡，立即把他开除了。这家伙威胁说他有个叔叔在BC省劳工部，会叫他叔叔找公司的麻烦，要求公司收回成命。股东们都害怕了，我却坚持不用害怕，因为我相信加拿大的法律制度，只要我把证据留存好，他叔叔亲自来我也不怕。

以前的总经理因为逐渐放弃了制度制约，人性之恶战胜了做好工作的愿望，工作质量都不再以专业标准为依据。比如做一个路边的牌子，他跟人家签订制作合约费用三万五千加币，到他离开，我找附近另一家来做，同样的标准只需六千多加币。更让人瞠目的是，酒店有个地方石棉外露，已经屡次被劳工保险局命令限期整改否则关门的情况下，他两年时间付出了一万多给他老家邻居，可那帮人根本没有专业施工资格，完全不知道怎么做，要他们在期限前完成工程，结果这帮人干脆消失了一躲了之。我接手后，直接联系劳工保险局负责人，对方推荐了几个商家，我随便找了其中一家，不到六千元，一天的时间就完成了工程，劳工保险局派人检查，问题彻底解决。

酒店厨房的漏洞也很惊人，每个星期都采购大量的高档食材，但其实酒店极少用得到。厨房里的加班时间跟实际业务需求相差巨大，我观察发现其实是大厨和附近的朋友们经常用酒店的食材和场地组织私人聚会，还算到公司加班里面。于是不得已，我把厨房的订货权收到自己手里，由我亲自订货，还把我妻子安排到厨房，一边学习烹饪，一边也实地了解一下餐饮部门存在的问题。

我刚任财务总监的时候，这个酒店的盈利平均每年只有十万加币多一点。后来经过我的整顿，在业务仅仅上升5%的情况下，净盈利竟然增加了二十五万多，总额达到近四十万。

看到我整改对路酒店大幅盈利增收，股东们也算对我不错，一年就给我加了三次工资。但同时，因为更加有利可图，内斗更加激烈。第一股东把他的情妇安插进来做总经理助理，第二股东把自己的亲戚安插进来做厨房经理，第三股东安插了自己的亲戚跟我学做会计，个个都拼尽全力要把我架空。在这种乌烟瘴气的氛围下，我萌生去意，正好隔壁省的路易斯湖有家大酒店来挖角，工资更高，住房更舒适，尽管股东们有意挽留，但我和妻子还是决意离开了。

来到新的酒店，才知道真正的幕后老板是一位韩国籍老板娘。这人也是用亚洲文化管理，对员工的压榨趋于极致。

第 19 章 职业生涯

我和妻子因为是经理，工资高一点，住处也不错，但所有基层员工都是最低工资，还要求员工每天必须提前五分钟到达岗位，下班后十分钟才能离开。路易斯湖物价奇高，在本地购买食物员工负担不起，我作为经理自然会开车带员工去附近的班夫镇购物，那里物价低不少。让人不可思议的是，这样双赢的举动，那个韩国老板娘居然明令禁止，因为她不希望我和员工走得太近，团结起来对付她。

这样的工作，我自然做不下去。从一个自己能够做得很好的地方跳槽到一个自己做不下去的地方，感觉特别丢人。于是我和妻子商量，到大城市都有认识的朋友，没有脸见他们，咱们去个小地方开个小餐馆躲起来吧。

虽然到加拿大已经八年，但我们一直忙于支持国内民运人士和自己亲友，再加上回国充阔，我们两个人的存款才不到六万。当时我看上了两个生意，其中一个是 BC 省的 Creston 的一家有餐馆的汽车旅馆，要价五十万，可以分期付款，但风险不小，犹豫不定。当时一个"前朋友"说他有富豪愿意资助，可以跟我合伙，要一起去看看。看过后我并不满意，也就没有更进一步了。这件事到十年后反被这位"前朋友"拿出来，说是我非要他联系富豪要钱资助。幸亏我后来跟那位富豪的关系很铁，富豪跟朋友们澄清事实，我才没有被别人无端泼污成功。

第 20 章 餐馆生意

我看上的另一个生意就是我现在开的这家餐馆。当时，前东家因为被卫生局连续多次罚款和勒令整改而面临关闭，加上菜品口味当地人不喜欢，已经到了经营不下去的阶段，所以我们连拖车住房一起七万加币就买了下来。因为我们一直信用很好，信用卡余额足够，就用信用卡上的钱简单装修了一下，把卫生局要求整改的项目一一做好。在餐馆开业前我们就已经跟当地的教会建立了联系，我们的诚恳和谦卑让本地基督徒非常喜欢，一开业就吸引了非常多的客人来试吃。

其实我们的烹饪水平还是很差，妻子以前大酒店学的那点技术微不足道。但诚恳的态度为我们赢得了本地居民的友谊和支持。开业第一年，我们不但收回了投资，还有余钱让我们暂停歇业回中国三个星期与国内亲友一起过年。半年后父亲去世，我们再次回国也毫无经济压力，期间也没有耽误每年给我父亲至少一万元人民币的生活费，给岳母甚至还可以更多一些。自从有了餐馆，我们每年都可以关门两三个星期，要么回中国要么去其他国家旅游。

那几次回国，我也做了几件令人激动的事情，比如到郑州去拜访关注艾滋血祸的艾滋公寓义工，去医院探访了艾滋血祸受害者，给他们转送了一点爱心捐款。那次本来约了名人叶海燕，可是叶女士刚到宾馆就有警察上门，把她强行押回湖北。这么一次与敬佩的名人面见的机会，却只能看到她被押走的背影。

我1989年坐牢以后，大姐和三个哥哥都认为我给他们丢了人，没有人在意我。坐牢七年，他们连一封信都没有给我写过，更别提给我送点温暖了。除了我弟弟只身从江苏到昆明，打工挣钱睡桥洞，去监狱探望我以外，只有二姐时不时给我寄一封信。尽管很贫困，她还是会时不时给我寄点虾米和花生米等家乡特产，让我感受到来自家人的温暖。我的餐馆稳定以后，首先就想把二姐的小女儿办到加拿大来。

外甥女虽然很努力学习，也按我的指导完成了护士专业，在连云港市找到护士工作，无奈她的英语很差，考了两次才终于考到雅思五分，但口语交流根本拿不出手。我问了十几家华人移民中介，都说结果不乐观，无论如何都要中介费至少两万，先交一半，找到雇主再交25%，最后25%拿到签证再交。不成功的话最后那25%不用交了，但前面的一万五千是不能退的。

眼看着不得不拿一万五去打水漂试试之际，神奇的事情出现了。一个菲律宾中介到我餐馆吃饭，她以前也是通过做家庭护理移民来加拿大的，后来自己专门帮人办海外护工签证。由于她信誉好，不乱收费，对雇主负责任，不作假，她办理的签证都很顺利。我们聊得很投机，她也在电视上看到过我。当我说出外甥女的事情，正好当时有个优质雇主，愿意无条件正规雇佣像我外甥女这样的护工来照顾他的三个孩子，同时教三个孩子学点中文。这位雇主是个非常优秀的华人医生，在爱民顿和卡加利有好几家诊所，娶了一个美国的花样滑冰运动员妻子，都是基督徒，非常有爱心，待人非常好。

最令人意外的是，这个中介只要三千加币中介费，另外不到两千包括了所有政府的申请费用。到 2013 年我当选市议员之前两个月，外甥女神速拿到了工作签证，来到了加拿大，开始了她愉快的家庭护理工作。那家人非常尊重她，待她像家人一样，一切按政府规定，每天只工作八小时，每周只工作五天，节假日和带薪假都一样不少。那些孩子也都非常有教养，从来都不会给我外甥女制造麻烦。三年期满后，雇主一家及时出具证明和其它手续，帮助外甥女顺利拿到加拿大永久居留权。

餐馆日益走上轨道，两次接受加拿大 CBC 的专访，一次是 2009 年六四前后，另一次是当年 CBC 广播电台的 Eye Opener，播出后不少人远道慕名而来。尽管我们的烹饪水平不怎么样，但客人吃得都很尽兴，我跟他们聊聊天更让他们直赞不虚此行。

渐渐地，本地居民都知道我的反共经历和立场，非常多的人都以成为我们的朋友为荣，经常盛情邀请我们去做客。我们与本地人的融洽关系为我以后参加地方选举奠定了坚实的基础。

第 21 章 参选议员

自从搬到这个离 Calgary（卡加利）不到一个小时车程的 Cremona 小村，我们经营的中餐馆在五年的时间里声誉越来越好，逐渐成为了小村的一个社交中心。由于天性敢说敢做，对于村里的不公平、不正常的事情经常仗义执言，不怕得罪当权者，我逐渐建立了敢于为老百姓代言的名声。

过去几年，村里发生了好几件不正常的事情。一是行政长官的工资直线上涨，从五年前的五万加币一年一下子涨到近十五万；二是行政人员越来越多，工作人员的态度却越来越差，对前来办事的居民从没好脸色；三是强行修改停车附例，使商业铺面门前停车位减少多半，造成诸多出行不便；四是突然中断与山景县（Mountain View County）的合作，使村里原来只需负担消防队救护队费用的 20% 变成负担全部 100%。这几件事，严重影响了居民的利益，造成商业经营困难，人口流失。渐渐地，居民们开始不断游说我，提议让我来参选议员，因为我对这几件事情都持反对态度。

在加拿大，政府架构分为三级，联邦、省和下面的市县镇村。这里的市、县、镇和村都是平级的，英文统称 Municipality，属于基层自治单位，互相合作但没有隶属关系。虽然分为三级，但上一级并没有决定下一级事务的权力。上一级的职能是为下一级服务，上一级必须严格中立，不能在选举时为其中一方站台，更不能指定候选人，至于指定市长之类,更是万万不会发生的情况。

Cremona 村位于阿尔伯塔省中部山景县境内,是城镇型政府,有四百五十多名居民。除了 Cremona 村,山景县内还有四个比较大的镇。山景县里没有居住在 Cremona 村或者其他四个镇的居民,是非城镇居民,他们由山景县政府负责。所以 Cremona 村和山景县以及这四个镇都是平级合作的关系。

决定参选后,首先要获得选民提名,这对于我来说非常容易。听说我要参选,很多选民主动来到我的餐馆,认真地填写了资料,签名提名我参选议员。有些人甚至提议我竞选市长(其实算村长,因为市长镇长和村长不仅平级,而且名称都一样,英文叫 Mayor)。但我没有市政经验,担心选上市长也不知道怎么做,所以决定选议员。由于还有另外三名议员和市长,我边学边做,就不会有问题。两天后我就获得了正式认可的参选人资格。提名通过后,最重要的是准备政纲。听说我参选了,马上有几位当地很有声望的人自告奋勇来帮我。他们都很认真地听我解说自己的见解,然后帮我归纳整理成为简洁、易懂、能够抓住人心的正式政纲。这几名义工中,有退休的校长、警察、公司老板、大型飞机维修工程师,也有普通村民。他们当中没有一个人想占我餐馆的便宜,反而更多地消费,正常付款之外还多加小费,以示对我的支持。

我的政纲主要有:缩减公务员队伍、降低行政开支、撤销不利于商业的法规、以互助的形式解决无车族交通等。政纲简洁易懂有的放矢,将村民利益落到实处。

加拿大的地方选举，都是各省安排统一时间进行，由省里组织选举委员会，经过专业的中立的法规训练，具体进行选举安排，同一天选举全省的地方议员和市长、县长候选人。只要符合候选人资格，没有哪个政党能够阻止你竞选。只要你通过了提名程序，电台、电视台、报纸等媒体安排的采访都是对等的，不能有任何偏向。

离投票日还有两个多月，候选人必须利用这个时间挨门挨户拉票。我先找印刷公司印了大看板，把政见简明扼要写在上面，就是裁员减薪，倾听民意，高效行政。支持者们纷纷来拿看板插在自家门前草坪上，广告效果非常好。

但我的政见惹恼了当时的行政长官和辖区的公务员，他们不敢当面破坏，就在晚上偷偷破坏了一些看板。我没有太在意，坏了再换上而已。我还列印了大量政见宣传单张，跟妻子一起挨门挨户上门宣传，跟每一户的居民握手致意。

本镇议会由四个议员和一个市长组成。市长和议员的权力基本平等，做决定的时候也都只有一票。为了实现我政纲里的承诺，我在议会里至少要有两个同盟军才行。于是我就在镇里寻找能够胜选而又与我理念相同的人，终于找到了在本地有一定影响力的两个人，其中一个是一家咖啡屋老板，另一个是有着上万亩土地的地主加商人。这个地主兼商人起初因为工作太忙坚决不同意参选。我一个要好的朋友是他的堂兄，帮我一起跟他分析利弊，让他明白如果目前的形势持续下去，这个镇就没有希望了，在投票日前一个月，他终于同意参选。

按照省里制订的选举规则，每个候选人都有三分钟时间在电台和电视台陈述政见，前提是不准互相攻击。在正式投票前三天，镇里的社区中心也举行了竞选辩论和政策说明会，每个人每次有三分钟的演讲和辩论时间，三个市长候选人和七个议员候选人抽签决定发言先后。演讲和辩论之后，在场的选民可以提问。回答是否得当非常重要，因为这是让更多选民了解候选人的最后机会。因为我的政纲完整和可行，我的辩论得分不少。

  投票日终于到了。票站服务人员由一个省里安排的选务人员和几个外镇的无直接利益关系的人组成，经过培训后在票站提供中立的服务，引导选民如何填写选票。选民填票时要到一个独立的不能被任何人看到填写过程的小隔间，写好后折叠起来，外面看不到字迹，然后投到票箱里。本镇选民和候选人有权利组成观察团监督投票和计票过程，但不可在投票过程中诱导选民的投票意向。否则是破坏选举，是严重的犯罪。我和妻子作为本镇唯一的亚裔人口，面对众多本地庞大的家族和亲友势力，实在没有多大把握能够当选，而且怕丢面子，我也没有去监督计票。

  因为过去三届议会班子做得太差，几个和我志同道合的候选人及支持者，都认为我们会胜选。我们的市长候选人，咖啡屋老板，都有家族亲友支持。我原先的希望是，即使我落选，有他们选上，本镇的未来仍然充满希望。当时，踌躇满志的十多个人聚集在我的餐馆里，我准备了香槟、啤酒和葡萄酒，准备庆祝其他几位同道候选人的胜利，当时我确实没有对自己当选抱太大的希望。

  晚上十点钟，电话响起。我接起电话，是个陌生人的声音。

第 21 章 参选议员

他代表选委会，祝贺我以最高票当选本镇议员。这个陌生的声音带给我好消息，却同时也带来了坏消息。我们五个同道候选人，只有我和大地主当选，市长候选人和咖啡屋老板均落选了。

因为与期望有落差，我和大地主都很失望，认为只有两个人在议会属于少数，做不了主，不会有所作为，都萌生了退意。但落选者则极力阻止我们退出，建议我们接受结果，看看其他几位当选者的情况再说。选举的结果是，对方阵营力挺的市长候选人当选，另外两个阵营不明确的女士当选议员。第二天，在我的餐馆里，候任市长的夫人当着十几个本镇居民的面，居然说她老公绝不与我的大地主朋友合作，一定要把他赶出议会。结果被所有在场居民群起而攻之，弄得她下不来台。我做好人，把她叫到一边，以朋友的口吻告诉她，这是选民选举的意愿和结果，你这样攻击一个第二高票当选的议员，会给你的市长老公带来很多不必要的麻烦。

可能是在外面看到了争吵，候任市长也来到我的餐馆，感谢我帮他夫人灭火，并声明他接受选民的选择，一定会诚心诚意与所有当选议员合作，争取把 Cremona 建设成为行政高效、商业繁荣、邻里和谐、健康成长的城镇。当选后我很快得到省选举委员会的确认。省长、市政事务厅长、本地区的省议员、联邦议员都发来亲自签名的祝贺信，并都期望合作愉快，告知需要他们协助时如何与他们联系。市政事务部就是 Municipal Affair Department，是省级单位，专门协调全省市政事务，解决市选纠纷，或者处理有关市政的举报等。

正式上任前三天，有省市政事务部派员给新当选的市长和议员进行密集的就职前培训。其中最重要的是罗伯特议事规则。这个一百多年前由罗伯特先生创立和总结的议事程序，充满了民主、公平和制约的智慧，被全世界的民主政府广泛采用。选举结束的一个星期后，2013年10月23日，我和另外三名议员及一位市长正式走马上任了。庄严肃穆的就职仪式上，每位新当选者都要手按圣经，对神发誓，以最真诚的态度，为选民谋利益。在加拿大，公民入籍的时候宣誓效忠女王，但当选议员是向上帝宣誓忠于良心，忠于选民。

仪式后首个事项是召开第一次公共会议。因为对罗伯特议事规则不熟悉，我还闹了点笑话，经省里来的辅导员纠正后，我的意思才形成动议付诸表决。我的动议是暂不派议员或者市长参加全省民选官员大会，因为费用太高，但这个动议被否决了。我其实对那个事项还不了解，那是个和省长及各部部长沟通的好机会，而我太着眼于费用了。

10月24日，本省中部地区一百五十多名新当选市镇议员和市长及行政长官开会，就我一个亚洲人面孔，感觉是鸡立鹤群一般特别扎眼。好在大家都很友善，完全没有被排斥的感觉。

2013年我成为市议员的经历被《星岛日报》旗下的《星岛都市周报》报道，之后被无数其它中文媒体包括国内的很多网媒转发：

> 石清，是一位来自中国江苏的移民，在大温生活几年之后，6年前迁居阿省小镇。在去年年底的市镇选举中，石清以第一高票当选小镇议员。经过一年的议员生涯，

第21章 参选议员

他写下了自己的参选经历，和精彩的议员生涯。他的故事，可以看做是是大温市选的另一章，带给人们不少启发。

第 22 章 异国从政

村议会的一大责任，就是引入商机。加拿大的商业机会，永远是国民优先，绝不能给予外资高于国民的优惠。在我们这个小村庄里，拥有小型飞机制造业，环保马桶制造业，产品都畅销北美欧洲，更不用说汽车维修，飞机维修，银行，旅馆，健身，餐饮等行业了。加拿大的省市镇也有招商引资的期望，但主要是通过完善法制环境，使商业环境公平，程序透明，营造良好的媒体形象，打造平安和经济的居住环境来吸引投资。我们这届议会上任后，就一直在打造和完善这样的形象，也取得了不错的成效，很快就有三家新公司入驻，不需要我们给予特别待遇。

村议会也召开很多会议，所有公共事务都要开会解决。除了改变土地用途和行政人员待遇等敏感问题，都得在所有居民都可以参加的会议上解决。跟国内开会听领导讲话，传达上级精神完全不同，这里开会是平等沟通协商的过程，目的是公平公开地解决问题。

议会开会讨论公有土地出售时，如果我有意购买，在讨论和决策时我就必须回避，这样的制度设计有效避免了特权自肥的情况发生。公共事务的决定权和执行权是分开的，议员有决定权，而执行权归属行政部门。我们开会决定项目、预算及优先顺序，行政部门遵照执行。我们只有权力任免行政部门的负责人——行政长官，决定整个行政部门总薪酬数目，但不能干涉其它具体的人事安排。

比如 2014 年 12 月 18 日召开的会议上，有个议题是购买维修工使用的卡车和铲雪车，行政长官把周边商家的所有单价、配置、性能、售后服务等全部列出，供全体议员讨论决定。议员做决定但不会碰钱，而购买者不能做决定。这种透明而又互相制约的政府购买方式，给所有环节的人员都没有留出谋私利的空间，有效杜绝了贪腐的机会。

新年到了，有部分公务员要求加薪。但这次议会意见比较统一，精简机构，提高效率，估计这些提加薪要求的低效率公务员要后悔了。表现最差的一位在新年前几天被开除了。民选的官员，在合理合法的情况下，处理这种事情底气十足，不需瞻前顾后。几个月后，我遇到一位在选举时支持我的朋友，对我说再也不会支持我，因为我们开除了他的朋友。实际情形是，这名公务员根本不胜任本职工作，不但破坏了维修机器，很多职责范围内的工作也不能完成。

实际工作中也有无奈，没有办法做到让每个人都满意，好在绝大多数选民认可和支持我们的做法。2014 年 1 月 21 日召开议会每月例行会议，决定最近要处理的事项时，有一位前任市长为自己负责的老年人基金会要特权，因为他当政时就给了基金会特权。我们坚决不让步，议会必须同等对待所有慈善团体。四十多项议程，一百多页文件，逐条审议，平等协商，两个小时完成。2 月 13 日，我们参加了全省市政涉法工作会议（主要是关于处理公务过程中的法律问题），我们分会场代表的区域亚裔人口占 15% 以上，却只有不到 1% 的亚裔议员，看样子亚裔为人民服务的意识亟待提高！虽然我头天晚上比平时少睡了两个小时，但当天八个小时的会议却没有任何困意。二百七十五个议员和市政长官，没有任何人打盹，都在认真听讲，提问，记笔记。

作为村议员，我在工作中的确投入了很多的时间和精力，但政府在金钱上的补贴实在微不足道。出来开会虽然有车补，也是去远处才有，每公里补贴0.505加元，餐补每餐在二十加元以内，实报实销，没有固定按月的补贴。

我作为新上任市镇代表，还视察了本地区六个垃圾回收站及处理中心，印象深刻。加拿大全国在这方面的做法都差不多，花巨资投入垃圾回收及处理。各地区高等教育机构都与地方政府合作，开设相关的课程，培训专业人员，协助处理垃圾，尽量变废为宝，让毕业生成为受人尊敬的垃圾处理专业人士。加拿大的垃圾处理，做到了不产生污染，附近的地下水被严格检测，绝对不允许污染河流、湖泊，以及地下水源。去视察的垃圾场，几乎都完全没有异味。设想那些工人在这里工作也不会产生不愉快的情绪。

3月3日，居民自发成立了一个美化社区的组织，议会批准了一个只有二百元加元的启动资金申请，其它所需费用该组织可以通过各种自发筹款活动来筹措，不需要占用公共预算。后来我通过所担任的董事职务，让省政府的文化娱乐基金给他们拨款五千加元，助益不小。这个组织后来确实为美化社区做出了很多贡献。

5月15日，村议会开会决定当年约二十万加元的本地区文化娱乐活动拨款对象和拨款数额，拨款委员会由一个县议员和一个村议员，及五至十名社区代表组成，保证了拨款的公平。我利用自己委员的职位为本村争取到几笔较大拨款，满足了本村及周围农民的文化娱乐需要。

在加拿大，议员关注的事情总是能够得到优先处理。比如4月2日，我发现一段路路况不好，给行政部门发短信询问，不到两个小时路面就给补好了。

曾经，新任市长有意利用程序漏洞，绕开议会决定一些小事，从中给他的朋友谋点小利，结果出了纰漏，闹得很难堪。此后议员都特别警惕这个苗头，在公共会议上全体议员都要求所有事情要共同讨论决定，必须程序透明。市长在之后的工作中也有意对所有议员都示好，连一些小事都不敢单独决定了。

村政府的收入要在财政预算中好好规划利用，所以每年的预算案是村议会的重头戏。加拿大村镇公共收入来自三个部分，一是房产税，全部归村镇，二是居民水电气费用的提成返还，也是全部归村镇，这两项占全部收入大概60%，其他40%由省和联邦按一定比例拨款。另外，如果有紧急项目，省和联邦还会有特别拨款，没有哪级政府敢漠视这些紧急需求。居民的个人收入所得税，是联邦和省级政府收。城镇居民对村政府的负担就是房产税。村镇市不向上级政府交费。上级政府的全部收入来自于明确的税收，而且这些税收要部分返还给村镇市。村里的基建花费，大多由省和联邦政府拨款，我们一个不到五百人的村，每年拨款不低于五十万加元。

2015年的1月20日，村议会已经是第三次开预算会议，对当年公共事务花费事无巨细都要预先确定。到了3月3日，又一次召开预算会议，尽管行政开支有了较大的缩减，当年的预算案我们还是不满意，要求行政长官继续削减管理开支，一人多职，提高效率。预算案的每一个细节都必须明确具体，否则绝不通过，这已经成了整个议会的共识。行政长官很无奈，因为3月底必须通过预算，她只能满足我们的要求。一份只有十七页纸的预算案，议会审议了五个多月，过程中论证、调查、对比，硬是一项一项压缩了不必要的开支，迫使行政部门精简人员，提高效率。终于3月底晚上加班审查通过，皆大欢喜。

　　我当选议员后，当年的华文媒体都做了报道。有当地的华文教会听说我是有故事的基督徒，就邀请我去跟他们的执事长老牧师等，在中国新年前三个星期的时候一起吃饭，分享我的故事。没有想到，只是一次跟教会领导层分享的事情，却让我的中国签证申请当场被拒签了。两个星期后我和妻子去申请签证回中国过年，妻子被叫到领事馆，问话差不多两个小时，所有内容都围绕那天分享的事情，包括我怎么做了教会长老，怎么成为市议员，怎么帮助了中国教会等。好在我平时做敏感的事情都不跟老婆讲，她只能回答不知道。最后我妻子虽然拿到了签证，但被警告如果我做了什么不利中国的事情她要报告。我老婆满口答应，但我毕竟什么都不会让她知道，她也就不用做一个出卖老公的女人了。

　　在加拿大做市议员的这九年多里，我发现其实人性都是差不多的，都是自利为先，以自己的利益最大化和自己的偏好为出发点。虽然总体上加拿大人的素质比中国人高，但在自私自利和对公共事务漠不关心方面，其实差别不大。加拿大之所以比中国成功，仅仅在于这里的宪政制度和法治环境，

第22章 异国从政

有了这种制度和法治环境就限制了人性之恶，自然也就激发了人性当中的善。

　　2017年我第二次当选的时候，我为本村争取到了家庭医生驻扎，每个星期来一次给附近居民看病。这里毕竟是乡下，人口稀少，医生的收入与医生的付出不相称。因为当时报纸媒体都说医生来是因为我，我们的镇长和行政经理就非常不舒服，不太希望医生能够长期呆下去。我通过咨询和研究，知道合作单位山景县有一笔医疗援助基金可以用于帮助医生支付租金和其它固定支出。我提出这个建议后，镇长和经理同时说金额很小，一年才两千加币没有用。我到县里去确认，事实上每年一万五以上，足够支持医生的固定费用，完全能够让医生心甘情愿长期服务。在一次全省市政工作会议上，当我找到县长，跟他确认了金额，然后告诉议会和经理我们能够拿到那么多，经理居然发疯，说我对她不尊重，言语羞辱了他。镇长也附和，其他议员也不知道我还说了什么，不好擅自发表意见。经理在镇长的支持下要求我在议会会议上给她正式道歉，作为我破坏议会和行政关系的惩罚，否则她就辞职。我正式写了一封信给议会，说明我当时说这些话的理由和事情的来龙去脉，整件事情完全不存在骚扰羞辱这回事。如果大家坚持认为我错了，那我可以辞职，但绝不无故道歉。同时我阐明自己的观点和立场，我可以辞职，但我一定要对公众说明前因后果。看到我毫不畏惧也不让步，他们自己也清楚公众在了解情况后肯定对他们不利，镇长和经理只好放弃对我的逼迫，不再要求我道歉了。

　　这也是法制国家的优势，在这里的舆论自由，法治公正，即使我这么个地地道道的外来户，不仅能够当选市议员，在遇到不公正压迫的时候，我也不用委曲求全，可以理直气壮地依靠法律法规来维护自己的权利。

我从2013年10月到2023年3月做市议员，总共差不多九年半的时间。在这九年中，我坚决反对不必要的加税，总是尽可能做到严格控制预算。在团队共同努力下，即使我们加税幅度很小，还是节约出来相当的财政收入，用于公共设施工程。在我们刚当选的时候，全村只有一条短街是沥青路，经过几年的努力，我们在增加了水厂开支的情况下，将几乎全村的所有街道都铺成了沥青路，更换了路灯，购置了新的施工车辆和工具。可以说我们履行了自己的诺言，无愧于议员的身份。

第23章 手足相聚

不仅我在加拿大因为做议员的事被中国政府更加关注，就连我弟弟在山东烟台打工也比以前更受政府关注。老家的政府一再去烟台拿他们计划生育不交罚款的事纠缠，要求烟台有关部门驱赶我弟弟一家。虽然烟台有关部门多数时候置之不理，但经常施压还是让当地有关部门不无负担。2013年底，我在当地上小学的小侄儿，也因一岁时被摔在地上造成的后遗症而被学校嫌弃，不得不辍学。

2014年9月，老家赣榆县的几个年轻人因为办网站监督政府、反污染、反贪腐、反对恐怖计划生育政策、关注人权等，被抓捕判刑。我和弟弟都由此感受到了习近平上台后对人权迫害的加剧，感觉如果继续呆在中国，弟弟一家可能会陷入绝境，既然合法出境不可能，那就只能走偷渡的途径了。当时正好看到了网红染香写的偷渡历程，就坚定了偷渡的决心。

我原来在泰国生活了差不多有三年，知道有个叫老梁的朋友一直在从事偷渡的营生，似乎一直很成功，没有听说过他失败的案例。染香所写虽然对老梁没有什么好话，但我以为凭一直以来的朋友关系，我按最高价格付款八万人民币，老梁应该会全心全意把我弟弟一家四口偷渡到曼谷。

为了迷惑中国政府，弟弟一家从正规途径申请了护照，让官方以为他们要拿护照出国。提交护照申请后不到一个星期，又以给小侄儿治病的理由全家人离开家乡，特别选在

2015年大年三十启程，估计很少人会在这个万家团圆的时候关注到这一家四口，也不会想到他们在这个时候踏上偷渡之路。

在国内还算一路顺利。到达云南西双版纳边境，老梁安排的人也顺利用摩托车把一家四人越境带到小勐拉，安排在一家宾馆暂住，约定第二天就有人到小勐拉带一家四人离开前往泰国。这时候就开始横生枝节了。本来付了最高价格八万人民币，说好一路上租摩托车和汽车的钱都包括在内，但摩托车手说并不包括，我们不得不又付了四千人民币。心想多付点钱无妨，只要一切顺利达到目的就好。

为了安排好弟弟他们到曼谷的生活，年三十前我专程赶到曼谷等候。为了方便跟老梁沟通，我付款跟老梁一起住在老梁帮我弟弟他们租的房子里，房间不大，有卫生间，煮饭也在一个房间，用的是那种很简易的电炉。吃饭就坐在简易的凳子上，没有饭桌。睡觉是跟老梁挤在一张床上。酷热的天气，没有空调，条件十分艰苦，但想到很快就能跟弟弟见面，也就不以为意了。当时好几家难民申请人都住在那里，天天都有不少人来跟老梁见面，也都在那里吃饭。第二天我去大商场买来了桌子椅子等，同时买了很多菜，给老梁和其他难民朋友加餐，也给了老梁几万泰铢让他改善生活。

那几天，我还认识了另外几个难民申请人，其中就有姜野飞、黎小龙等。姜野飞被联合国难民署拒绝了两次，已经放弃了。我让他讲给我听，然后根据他的情况提了一些建议，提议他去找天主教耶稣会难民服务处，认为他应该符合难民资格，鼓励他不要放弃。

第23章 手足相聚

我弟弟的事情，老梁每天都保证第二天就派人把事情办好，但每个第二天都是失望的一天。因为事先付了高价，我以为一定会很顺利，他们四人身上也没有带多少钱。就这样一天又一天，旅馆、吃饭、找人等各项费用支出，很快弟弟他们身上钱越来越少。我让老梁派人给我弟弟送钱，也是各种情况不能送达。我定的回程机票是两个星期之后，直到返程那天还是没有任何正面的消息，无奈之下我带着焦虑和失望回到了加拿大。

转眼到了第十三天，弟弟他们几个人还在那个离中国一步之遥的小勐拉，回到加拿大那几天我无法睡觉，急得满嘴都是泡，生怕他们一家人被抓回中国。

按我和老梁的朋友关系再加上我付的是最高价钱，我相信老梁自己应该并不想这么做。老梁几次跟我解释就是因为打仗，还有我弟弟的名字在军阀那里上了黑名单，通过很困难。他每次说派人去贿赂一下大概能行，但每次都是空欢喜。到第十二天我一再告诉弟弟、弟妹，当年我也是在最绝望的时候祷告祈求耶稣，你们求他应该会有奇迹出现，现在我们只能期待奇迹了。

眼看时间一天天过去，事情毫无进展。弟弟、弟妹他们真的下跪祈祷，求耶稣怜悯，救他们出险境。就在第十三天祷告完，他们出门去找附近一家基督教会，一听说他们的身份人家根本就不敢跟他们说话，更别提帮忙了。不远处有一家天主教会，于是他们走了进去。那里的神父真的像《悲惨世界》里的那位主教对待冉阿让一样，根本不问他们身份，就跟办公室秘书说让弟弟一家来教堂里住，食宿全部免费，慢慢再想办法。

这真是绝处逢生，弟弟赶紧跑回酒店收拾东西。第二天一早，一家人结帐离开酒店，提着行李前往天主教堂。就在教堂门口，遇到一个开着车的年轻人，开口就问我弟弟是不是需要帮忙去泰国。弟弟这时候走投无路，也不再防备别人了，就回答说是的。这个人就说他能帮忙，弟弟说你可能帮不了，前面的朋友说他们上了军阀黑名单，过不去了。但这人还是不放弃，要弟弟等他一会，离开后也就半个小时又回来了，说完全没有问题，他一定能够把他们一家送到泰缅边境大其力。当弟弟告诉我这个消息的时候，我的直觉告诉我这是中共骗局，不能相信。但弟弟说没有其它办法了，只能死马当做活马医，冒险一试，再者我是相信耶稣恩典的，再不可能的事在耶稣那里都算不得什么。

没想到的是，这位先生只收了两千多人民币，就把弟弟一家四口送到了大其力，还负担了一路上的食宿，基本上没有赚钱。他们到了大其力，我联系上了老梁，要求他完成从大其力到曼谷的余程，因为他已经收了那么多钱，现在他说过不来的一段我们自己过来了，你应该顺顺当当办完余下的事情了吧。

这位先生跟要来接我弟弟的人通了话，提醒我弟弟来接的人不可信，说实在不行他找人送过边境。我们考虑到他已经帮了大忙，再帮忙肯定要另外付钱，既然已经付给了老梁那么多钱，还是让老梁办比较心安理得。于是跟这位先生道了别，弟弟一家就在大其力的一个餐馆等老梁派来的人，这一等就是七八个小时才来，而且还要另外付钱。无奈，弟弟

第 23 章 手足相聚

他们又被收了一千块才把人带到泰国一侧。按约定，应该马上就派车接他们去曼谷，老梁他们却再一次故意把我弟弟一家圈禁在一个无法知道具体地址的小村里达三天之久。我问老梁怎么回事，老梁说具体办事的人要求加钱。我说每人两万最高价格我们都给了，你们怎么这么办事。他说我弟弟是特殊人物，不加钱办事的人就不干。无奈之下，我又紧急汇款三万人民币，他们才把一路折磨到半死的一家人带到了曼谷。

以前染香他们说老梁这些人的坏话我一直不信，这事以后我不得不信了。事实上，并没有其它阻碍。从弟弟一家离开中国边境到达曼谷这段时间，某名律师博士的妻女，还有另外几个也算有名的人，都经老梁的手，用比我便宜一半的价格顺利到了曼谷。都很顺利，后走的都比我弟弟他们先到达。

弟弟刚到曼谷不久，由于我在加拿大的生意和声誉都越来越好，一名本地媒体的记者找到我做了好几天的专访，详细写了我的过往历史，也写到了我弟弟在中国的遭遇，以及他们一家现在泰国需要来加拿大。这篇报道在山景县地方报纸登载后，周围一百公里内所有县镇的报纸都转载了，一下子引起了本地国会议员的注意。他很快带着办公室秘书一起专程到我餐馆吃饭，了解我们的情况，说一定会帮忙，要求外交部和移民部快速介入提供协助。

之前一年11月份的时候泰国发生了一件特别的事情，中国政府与泰国政府联合抓捕遣返了在泰国避难的民运人士姜野飞和董广平。因为我们本地对我的大幅报道，加拿大《环球邮报》注意到了我,就采访我关于姜野飞、董广平的案子,问我会不会担心弟弟一家也会被抓捕遣返。我说那是肯定的,以前这种事很少发生,现在中泰完全合作了,自然也会发生在我弟弟身上。记者采访我以后又采访了加拿大移民部,问他们对我弟弟这个案子有什么计划。

本来光是国会议员帮忙虽然有作用,但我们区的议员是保守党,自由党政府虽然也会接受案子,但多半不会特别用心,当时还要求我们找五个担保人担保,按正规途径办理,大概得两年才能办好。这下《环球邮报》在十天内连发两篇报道,又直接采访了移民部,再加上当时很有影响力的朋友盛雪也居中帮助,移民部一看媒体关注了,感觉不能再拖,就告诉我们不需要找担保人了,由加拿大政府担保,一切手续由政府办理,不用我做任何事。

弟弟他们一到曼谷就提交了难民庇护申请,交上去的文件除了媒体报道外还有大赦国际的全球紧急行动声援信。加拿大政府循外交途径要求联合国难民署紧急办理这个案子,但联合国硬是拖了差不多一个月才面谈,还威胁说不要以为加拿大政府批准了他们就一定也开绿灯。特别神奇的是,他们说根本没有收到我们提交的那份大赦国际文件。于是,通过国会议员办公室,我紧急提交给加拿大政府这份文件,加拿大大使馆直接将该文件送到联合国难民署,又拖了三天才通过了弟弟一家的难民庇护身份。

四月初,弟弟一家终于有惊无险抵达了加拿大。到达卡加利的那天晚上,本地社区的十多个人加上我们一家到机场迎接。报社专门派出采访记者和摄影记者,随后又是大篇的

第 23 章 手足相聚

报道，成为重要的地方新闻。随后的几天里，国会议员数次访问我们，嘘寒问暖，提供帮助。

第 24 章 领养孤儿

2014年,有个附近教会的家庭突然带着他们领养的三个中国弃婴来看我们。男人叫吉姆,女人叫蒂尼丝,看得出来,这是个极有爱心的家庭,家里除四个亲生孩子和这三个中国孩子,还有一个海地孩子。这个家庭有几千英亩土地,还做着很成功的保险生意,孩子到他家应该是掉到了蜜罐里。要知道,每从中国领养一个孩子,中国政府、孤儿院、领养机构等,要收取大概三万美金(二十万人民币)的费用,没有大爱,没有经济能力,是根本做不到领养这么多孩子的。

然而,最后这个从上海孤儿院领养的男孩成了他们家的大麻烦。这孩子是出生三天后的凌晨三四点钟被丢弃在上海一个火车站的台阶上,身患多种危及生命的疾病。一两个小时后当人们叫来警察的时候,孩子几乎没了呼吸。警察把孩子送到了医院,花了一个多月的时间才抢救过来,然后就把他送到了上海儿童福利院。在他能够走路会说话了以后,直到十岁前进进出出孤儿院,被四五个中国家庭领养过,但最后都是发现不合心意,又被抛弃送回。除了孤儿院对他有严重虐待,领养家庭也不同程度对他有虐待和伤害,浑身从头到脚到处都看得到伤疤。由于孤儿院和各个领养家庭教给他的是非观和规矩都不一样甚至互相矛盾,这孩子根本就没感受过什么是爱,什么是正常的行为规范。尤其刚来加拿大,语言又不通,跟领养家庭根本没有办法沟通,他把那个家闹得天翻地覆，差点让养母抑郁自杀。

这个家庭也是基督徒，经过祷告和跟当地教会沟通，当地教会告诉他们在 Cremona 有个家庭说中文，大概能够帮上忙。于是他们就几次来看我们，观察我们对人的态度，最后确定我们信仰真诚，心里有爱，于是跟我们商量能不能转给我们领养。他们毫不避讳面对的困难，告诉了孩子的种种问题，如果我们向上帝祷告，上帝有指示，希望我们能够领养过来，给孩子一个正常的沟通渠道和没有困难的生活环境。

我们自己没有孩子，从来没有抚养孩子的经验，对于一下子领养一个已经十一岁，叛逆、不懂是非、不知好歹、不懂得爱、身体和精神都有问题的孩子，想想都害怕，所以并没有爽快答应。

但是那天晚上，我们夫妻不停地为这个孩子祷告，求上帝看顾他。突然我们不约而同做出了决定，不能让这个孩子觉得没有人要，不能让这个孩子觉得全世界的人都不理解他不爱他，就算千难万险，我们也要抚养他长大。我们的教会也为我们祷告，求主给我们智慧和力量，让我们有能力将孩子抚养长大。

第二天当我们打电话给吉姆和蒂尼丝，告知我们的决定时，他们终于松了一口气，但也留有余地说如果最后合不来，他们还可以再把孩子接回去。

孩子到了我们家，挑战才真正开始。精神科专家说孩子的心理年龄比他生理年龄滞后五岁，建议我们对他要特别小心。儿童医疗专家说他的尿床毛病很重，没有特效药和特别办法，只能每天晚上六点以后别让他喝水。

他到我们家的头几天，就像一只受伤快要病死的小猫，没有一点小男孩该有的生气。每天晚上都会尿床，晚上不让他喝水根本没有用，而且尿床越来越厉害。每次尿床后他会非常恐惧地望着我们，生怕我们打他。几天下来看我们并不会指责他尿床的事情，他开始放松一些，跟我们说他一个人睡觉开着灯也会看到鬼，希望我们允许他睡到我们房间里。我们说不行，你那么大了，必须自己睡。他还是不停地乞求，说睡在我们房间地板上都可以。实在拗不过，我们答应了，这一晚他安安静静地睡了一个好觉。

第二天我们说你得自己睡了，我们家是有耶稣祝福的，不会有鬼出现，鬼来了也害不了人。可是到了晚上睡觉前，他又赖皮要跟我们一起睡。我们答应了，他又睡了一个好觉。到第三天，他主动说可以自己睡了。

一个星期后，眼看他尿床问题越来越严重，精疲力竭的我们跪下祷告，求主赐给我们爱的力量和智慧，让我们有能力和办法来抚养这个特别的孩子。长时间祷告后，我突然认识到让他喝水才是爱，不能限制他喝水。于是告诉他，你什么时候喝水都可以，而且要多喝，因为喝足够的水才会健康成长。尿床不是你的错，是你从小身体不够好，还有可能你压力太大。我们不会怪你，只要你每次尿床后，马上告诉我们，我们帮你洗干净就好了。这样，奇迹真的出现了，大概两个星期后，他完全不尿床了，连一直都有的哮喘也大大减轻了。

有一天，他非要我们给他买一只刺猬给他养，我们不同意，因为他当时连自己都无法照顾。我们说不可以，他就离家出走了。

第 24 章 领养孤儿

当时夜里冷，我出去找到了他，给了他一件厚的外套，跟他说你要知道养动物需要担责任，在你不能理解责任的情况下，我们不能害你害小动物。你如果还认为我们不爱你，你可以在外面多呆会，但别冷着自己，家里的门是不会锁的，你什么时候想通了，就回来吧！他突然想通了，乖乖跟我回家了。

现在，这孩子已经正常高中毕业，开始去外面工作了。

结语

我为什么要写作？上小学时，我是为了受赞扬而写。上中学时，我是为了热爱共产党，要帮共产党打击坏人坏事而写。一九八六年后，我是为了反映人民疾苦，抒发个人苦闷而写。一九九七年信仰天主后，我是为爱而写。

爱是人生永恒的主题，爱是生命的源泉和归依。在这个世界上，没有什么比爱更重要。也没有什么比爱更有力量。人一旦认识了爱，生活就变得绚丽多彩，极富意义了。困苦中，爱让我们轻松走过艰难。迷惑中，爱让我们看到了远处家中温暖的灯光。疲惫时，爱会给我们重新出发的能量。我们写任何东西，都无法对生活中无处不在的爱视而不见。

尤其是上帝的大爱，眷顾了我的一生。我自己的亲身经历，使我认识到信仰对人生幸福和社会安定的引领作用。

中国人由于没有信仰自由，无数人在洗脑教育和党化宣传的作用下，只能以国家机器为信仰，经常表现出极端的民族情绪甚至不无癫狂的一面。像我伯父、伯母那样秉持真正信仰的人，在中国往往遭受诸多打压和摧残。

加拿大的情形较中国无疑好得太多，然而近年来在西方左派所谓"觉醒"思潮的蛊惑下，像很多其它基督教传统国家一样，一定程度上也陷入了信仰危机和社会危机，人心迷乱，德性不彰，传统价值观崩坏的情形不一而足。

无论国家社会，还是具体个人，信仰之光的引领是文明赖以存在和发展的重要基础。即使是西方国家拥有悠久的民主法治传统，其制度的运行仍然依赖于文化和宗教的底层基础。正如美国开国先贤亚当斯所言："我们的宪法只是为有道德和宗教信仰的民族制定的，它远远不足以管理任何其他民族。此宪法只适合于有道德与信仰的人民。"

我自己的经历虽然微不足道，然而真实的体验真切的感受却是我个人能够亲近信靠耶稣基督最坚实的生命基础。每个生命降临世间，本身就是一场奇迹，而每个人的生命历程都可以成为信仰的人间见证。我愿耶稣基督的爱，浸透世间的人心，使人人得以沐浴"奇异恩典"的天光，听闻"奇异恩典"的天籁之音，获得人生的幸福和生命终极的喜悦。

> 奇异恩典何等甘甜，我罪已得赦免；
> 前我失丧今被寻回，瞎眼今得看见。
> 如此恩典使我敬畏，使我心得安慰；
> 初信之时即蒙恩惠，真是何等宝贵。
> 经过许多危险网罗，饱受人间苦楚，
> 此恩领我平安渡过，他日归回天府。
> 将来在天安居万年，恩光如日普照，
> 好像最初蒙恩景况，赞美永不减少。

石清的奇异恩典之旅
——从中国最底层到加拿大地方议员

作　　者：石清　石榴　林恩
责任编辑：李丰果
封面设计：Go-Design
出　　版：Heptagram Inc.
网　　址：https://www.heptagram.ca/
电子邮箱：newpublish@heptagram.ca
地　　址：1315 Pickering Parkway, Pickering,
　　　　　Ontario, Canada, L1V 7G5
出版日期：2024 年 2 月
国际书号：978-1-7381635-2-6
版权所有・不得翻印

All rights reserved.
Published in Canada by Heptagram Inc.
Library and Archives Canada Cataloguing in Publication
Title: Amazing Grace Journey Of Joseph Shi(Chinese)
Names: Joseph Shi, Christina Shi, Lynn Shan, author
ISBN: 978-1-7381635-7-1 (hardcover)
ISBN: 978-1-7381635-2-6 (paperback)
ISBN: 978-1-7381635-3-3 (ebook)

www.ingramcontent.com/pod-product-compliance
Lightning Source LLC
Chambersburg PA
CBHW031109080526
44587CB00011B/896